Holistic Parenting

家庭亲密育儿法

玛希娅◇著

中国妇女出版社

图书在版编目（CIP）数据

家庭亲密育儿法 / 玛希娅著. -- 北京：中国妇女出版社，2015.9

ISBN 978-7-5127-1129-7

Ⅰ. ①家… Ⅱ. ①玛… Ⅲ. ①家庭教育②婴幼儿—早期教育 Ⅳ. ①G78②G61

中国版本图书馆CIP数据核字（2015）第160580号

家庭亲密育儿法

作　　者： 玛希娅　著
责任编辑： 肖玲玲
装帧设计： 尚世视觉
责任印制： 王卫东
出版发行： 中国妇女出版社
地　　址： 北京东城区史家胡同甲24号　　邮政编码：100010
电　　话：（010）65133160（发行部）　65133161（邮购）
网　　址： www. womenbooks. com. cn
经　　销： 各地新华书店
印　　刷： 北京集惠印刷有限责任公司
开　　本： 165 × 235　1/16
印　　张： 17.75
字　　数： 220千字
版　　次： 2015年9月第1版
印　　次： 2015年9月第1次
书　　号： ISBN 978-7-5127-1129-7
定　　价： 35.00元

前言

“亲密养育”是一个相对新颖的概念，它的侧重点是在养育孩子的过程中，以沟通为基础，建立良好的亲子关系，将孩子培养成一个“德”“智”“体”均衡发展的人。

亲密养育重视选择和选择的后果，但更强调父母和孩子都应为自己的选择而负责。选择不局限于家庭关系，还涵盖教育、理财、生活方式、环境等，尤其是与人的交往。因为事物之间都是相互关联的，没有哪个家长、孩子或家庭可以独立于社会之外。每个人都跟自己生活网络中的人和事有着密切的联系。这就是为什么说平衡很重要。教会孩子如何有效地在生活和诸多利益中找到平衡，是父母给孩子最宝贵的礼物之一。孩子随着年龄的增长日益变化，而亲密养育正是让父母用平衡的准则养育孩子，以及对待他们的未来。

当今，多数中国人都能体会社会变化给自己带来的巨大冲击。读者只需想一想过去二三十年间发生在自己周围日新月异的变化，就能明白这一点。孩子从出生到成年也会发生很大的变化，尽管这些变化没有社会巨变那么富有戏剧性，但这种变化对于孩子来说也同样具有深远的意义。这本书为父母洞察孩子变化的过程及其调整教育方法提供了帮助。因为本书是以心理学家、家庭教育专家对儿童早期发展、家庭教育等广泛研究中得出的理论为依据，并结合北美父母的经验而写成的。此外，本书也融入了玛希娅过去20多年在日本、美国和加拿大的生活经验，以及我们夫妻俩过去15年在美国圣地亚哥和加拿大新不伦瑞克省的一个大学城共同养育孩子的经验。玛希娅给大家介绍的这些事例，并不是作为绝对真理让中国父母照搬，而是把她对21世纪被北美父母看作最佳家庭教育法的观察和研究成果呈现给大家。希望能为中国父母更进一步了解北美当代父母的家庭教育方法、了解北美社会提供参考。

还需说明的是，亲密养育这一概念本身也代表了最近十多年来家庭教育方法的变化。回想我的童年，我在加拿大新斯科舍省一个小城镇中长大，那时没有互联网等现代社交媒体。我和我的朋友们每天都可以自由地在大自然中玩耍。可以说，科学技术是历史变革的强大引擎，但它不一定是导致我和我儿子这一代人之间有所差别的最重要原因。如今，父母与子女间的关系，也有了巨大的改变。我的童年，除了有更多自由玩耍的时间之外，父母也没有刻意向孩子强调在学业上取得成功的重要性。因为，那时高中毕业就能找到的好职位，而现在必须要有大学学历才行。父母在孩子教育和生活中的方方面面担任了重要的角色。事实上，过去的一代人很难想象当代父母能够花这么大精力投入孩子生活、教育之中。亲密养育法认识到家庭教育中的这些戏剧性变化，为父母和孩子如何更好地应对这些日益复杂的变化提供必要的见解和建议。

21世纪，互联网和数字媒体为我们提供了上一代人难以想象的、超越地域和人沟通的机会。因此，玛希娅得以和中国父母们分享她的研究。反过来，她又能把中国父母的看法反馈给我们这些北美父母。凭借这种超地域的沟通，中西方父母能够分享各自的故事，互相学习。希望这本书能成为一座桥梁，弥合我们之间遥远的距离，在养育孩子的道路上，把东西方父母更紧密地联系在一起。

欧文·格里菲斯（Owen Griffiths）
加拿大历史学家，蒙特爱立森大学教授，本书作者玛希娅的先生

目 录

第三章　有效管教 / 71

第一章 爱和接纳

爱孩子，是每个父母的本能。父母和孩子之间的爱是维系良好亲子关系强大的凝聚力。良好的亲子关系应建立在平等的基础之上。当父母承认孩子是一个独立的个体，尊重孩子的身心发展，以孩子的利益为出发点，平等地对待孩子时，他们给予孩子的爱是无条件的。而这种爱也更能引起孩子的共鸣和合作。

01 尊重孩子 才能赢得孩子的尊重

作为父母，我们都希望能得到孩子的尊重。但要得到孩子的尊重，靠严厉的打骂，“打”不出来；靠无原则的疼爱，也“疼”不出来；靠无休止的说教，更“说”不出来。只有尊重孩子，才能让孩子心服口服地尊重父母。

儿子的棒球队中有一位名叫海顿的队员。他妈妈是加拿大皇家警察的长官，爸爸劳瑞经营一家商店。7月最后的一个锦标赛，原本技术过硬的海顿却连连失误，连续几次上场都没有成功击中投手投来的球。随着一次又一次的出局，海顿也变得越来越沮丧。最后一次上场击球，可惜的是又失败了，愤怒而又失望的海顿脸色难看地走回队员席，将头盔和棒球手套狠狠地摔在地上。因为不解气，他还走过去踩上一脚。在棒球场外观看的父母谅解地看了海顿一眼。不久，只见劳瑞轻轻地走到队员席的旁边，对气鼓鼓的海顿招招手，让他出来。父子俩轻轻地说了几句话之后，海顿走回队员席，把自己的头盔和手套捡起来放进了棒球包，脸上的怒气也消失了。

海顿因为自己击球失败而在众目睽睽之下把头盔和手套扔在地上，这个举动非常没有礼貌。面对海顿的不良行为，海顿的父亲劳瑞没有当众指责海顿，而是把海顿拉到一边给予提醒，这样，海顿没有在朋友面前丢脸。父亲尊重海顿的做法赢得了海顿的尊重，因此海顿也更愿意采取合作的态度，改正自己的错误，把头盔和手套收拾好。

作为父母，我们都希望能够得到孩子的尊重和敬爱。让孩子学会尊重父母，是有效管教的关键之一。孩子尊重父母，是孩子对父母信任的具体表现，因为父母只有赢得了孩子的尊重，才能让孩子心服口服地按照父母的要求行事，听从父母的建议。生活的经验告诉我们：父母要得到孩子的尊重，靠严厉的打骂，“打”不出来；靠无原则的疼爱，也“疼”不出来；靠无休止的说教，更“说”不出来。只有尊重孩子，才能赢得孩子的尊重。

“服从”和“尊重”

这里我们首先要说明的是：让孩子“服从”父母和让孩子“尊重”父母是两个完全不同的概念。在家庭生活中，孩子常常由于害怕父母的权威而服从父母，因此让孩子服从父母相对来说比较简单。但孩子的这种服从只是一种表面现象，因为孩子并没有由衷地尊重和信服父母。反过来，如果父母赢得了孩子的尊重，那么要让孩子服从自己，就变成了一件简单的事情。当孩子尊重父母时，他们更愿意服从父母，因为他们明白父母对他们的要求是为了让他们更出色。所以孩子越尊重父母，父母和孩子之间的心理距离就越近，父母对孩子的吸引力和影响力就越大，家庭教育的成功率也就越高。

父母尊重孩子，反过来也让孩子学会尊重自己。在生活中，尊重非常重要，因为孩子如果没有得到父母的尊重，他们可能就不懂得如何珍惜自己或他人。不懂自我尊重的孩子更容易养成不尊重他人、没有礼貌等不良品德，同时根本不关心自己或身边的人。因此，拥有自尊的孩子往往会善待自己，也常常能够为自己的利益作出最佳的选择。父母从小培养孩子尊重他人的品德可以使孩子拥有优秀品质，父母同时也会从中获益：

- 孩子更快乐，更易成功，父母和孩子之间拥有健康的亲子关系。
- 孩子会有无私、体贴、关怀别人和慷慨的品格。
- 孩子会尊重父母和其他对孩子有影响力的成年人。
- 孩子更能遵守父母设立的家规。
- 孩子更容易信任父母，恪守父母指令。

怎样的父母能够得到孩子的尊重

《让人抓狂的青少年：爱孩子而不失去理智》的作者迈克尔·布拉德利认为下面几类父母更容易赢得青少年的尊重。

- 诚实的父母，尤其是能够勇于承认自己错误的父母。
- 执着的父母，即使不断被孩子拒绝，还会不厌其烦地向孩子提供各种帮助的父母。
- 始终如一的父母，就算孩子告诉他们不用来看自己比赛或演出时仍会到场的父母。
- 向孩子付出、不求感情回报的父母。
- 能用幽默、玩笑来打开孩子心扉的父母。
- 尽管自己的生活一丝不苟，但会默许孩子房间凌乱的父母。
- 面对做错事的孩子，能够保持冷静的父母。

- 陪伴孩子走过漫长的成长岁月并无比珍惜这段时光的父母。
- 用自己的行动，而不是用空洞的语言教育孩子的父母。
- 给予孩子决断权的父母。
- 当孩子因为某事而生气痛苦时，能够在身边冷静倾听的父母。

赢得孩子尊重的6个技巧

◎尊重孩子

让孩子尊重父母最简单的方法就是父母首先尊重孩子。父母应该用自己的行动向孩子示范，让孩子在父母的模范行为感召下，尊重父母。经常有父母抱怨孩子不尊重自己，有的父母说，我经常什么事都帮孩子做了，可他们对我很不尊重。通常，孩子得到的有关尊重的教育，只是父母用语言教育，而很少用实际行动向孩子示范。根据美国斯坦福大学教授阿尔伯特·班杜拉的社会学理论：大多数人是通过观察其他人形成自己的想法和行动准则。孩子自出生起便和父母生活在一起，他们的一举一动都以父母为榜样，所以要让孩子尊重父母，父母就得先作出表率，让孩子明确什么是尊重的具体行为。孩子并不仅仅靠听父母讲话，也会通过观察父母之间如何交谈，观察父母如何对待其他人等方面来学会如何尊重别人。

当然，就算父母以身作则，尊重孩子，也并不能确保父母赢得孩子的尊重，但如果父母不尊重孩子的话，孩子一定不会尊重父母。要让孩子学会尊重我们，父母得首先行动，用自己的行动告诉孩子什么是尊重。

父母可以用一天的时间，留心观察自己是如何与家人、同事甚至陌生人相处的。接着扪心自问：这一天，我给孩子树立了什么样的榜样。例如，受人帮助之后，有没有说“谢谢”；孩子放学回家时，有没有放下手中做的事情，跟孩子打招呼；坐车时有没有给老幼病残者让座；看到长辈有没有向他们问好等，通过这些问题来帮助分析自己的行为。

孩子通过观察父母尊重他人的行为来学会尊重。如果父母每天跟放学回家的孩子亲切温和地打招呼，那么孩子也一定会用同样的方式迎接下班回家的父母。

◎敢于做真实的自己

物理系教授邓尼斯的计算机有两个账户：一个是他自己用的，一个是他10岁的儿子维吉尔用的。维吉尔的账户有“父母控制”功能，所以很多网站不能上。一般维吉尔上网的时候，就用他自己的账户。一个星期六上午，因为维吉尔快要出门了，就问爸爸可不可以直接用他的账户上网，这样就可以省去注销爸爸账户后又去登录自己账户的时间。邓尼斯想想维吉尔上网也没有几分钟，而且又在自己眼皮底下，就同意了。

不久，维吉尔去了同学家。邓尼斯打开计算机时发现：儿子在无意之中浏览了成人网页，但好在他只看了3页。邓尼斯告诉太太，作为父母一定要镇静，不能责怪孩子。孩子看了成人网页是不对，但自己从来没有正面和他讨论过有关性的问题，孩子也不知道什么是对的，什么是错的。趁这个机会应该好好和儿子谈论一下性的问题。

那天晚饭过后，邓尼斯夫妇和维吉尔一起坐下来。邓尼斯告诉维吉尔，父母并没有为他无意间浏览了成人网页而生气。邓尼斯还向儿子承认自己在青少年的时候对性也很好奇，看过成人画报。并告诉儿子，对性有好奇心是很正常的生理现象，不必觉得有罪恶感。

得到父母的理解后，维吉尔感到可以向父母打开自己的心扉。他告诉父母，当他看到那网页时既害怕，又害羞，更觉得不舒服。但他怕父母责怪他，所以不敢跟他们说。现在能够和父母沟通，他觉得轻松多了。

为了开诚布公地和儿子交流，邓尼斯不惜告诉维吉尔自己年轻时的往事，向孩子袒露真实的自己。邓尼斯的做法不仅让儿子觉得父亲和蔼可亲、值得信任，也赢得了儿子的尊重。出于对父亲的尊重，维吉尔向父亲打开了心扉，这样也便于他和父亲保持牢固的感情。因此，如果父母赢得了孩子的尊重，孩子在感到困惑时，就能毫无保留地和父母讨论。

◎让孩子做家务

在家庭日常生活中，让孩子做家务能够给孩子提供学习尊重别人的机会。父母要清楚地给孩子解释为什么要做家务，以及怎样做家务。孩子通过做家务，体会父母每日操持家务的辛苦，从而会对父母产生感激之情。同时让孩子明白作为家庭中重要的一员，他和父母一样，对于家庭有着重要的责任。做家务，保持家庭整洁是对共处一室的家人的尊重。在人的一生中，孩子首先要学会和父母、兄弟姐妹一起相处，将来也要学会和同事、朋友共处。只有尊重他人，才能得到他人的尊重。即使孩子不喜欢做家务，也要让他们明白这是生存的一个基本准则。当然，父母让孩子做家务时，不应命令孩子做，而是让他们明白，这是父母赋予他们的责任。

◎有礼貌地纠正孩子的错误

如果孩子有时对父母有不敬行为或作出粗鲁举动，比如，和父母顶嘴，对父母的要求置之不理，生气时摔门而去等，父母可以等到孩子的心情平静之后，心平气和地和孩子谈论发生的事情。比如，为什么会发生这样的情况？是不是有其他可以使用的方法？对父母而言，这是倾听孩子心声的一个绝妙机会，让孩子告诉自己，究竟发生了什么事情，当时他那么做是怎样的心情。如果父母能够保持客观的态度，告诉孩子：假如我们在那时用摄像机把整个过程拍下来，我们会看到怎样的情况呢？这样做，可以为孩子提供机会来重新审视自己的行动，整理自己的思绪，找到正确的处理方法。

◎说到做到

为了赢得孩子的尊重，父母要做的重要一点是说到做到。比如，父母警告孩子，如果他们不先收拾好自己的房间，就不能和父母一起去野营。孩子无视父母的警告仍不肯收拾房间，过后却不停地央求父母带他们去野营。父母最终拗不过孩子不停的请求选择妥协，带孩子去野营。这么做，父母等于在告诉孩子：自己的警告是空洞的威胁。长久下去，父母的话会变得毫无意义。这也是父母在孩子心中播下了不尊重父母的种子。如果孩子幼年时不尊重父母，那么孩子到了青少年时期，更不可能尊重父母。

◎在公共场合尊重孩子

在一些公共场合，许多父母总是一眼就能发现别人孩子的优点，而且也从不吝啬给予他们鼓励和表扬，甚至是夸了又夸，赞了又赞，至于他们的缺点都忽略不计。反过来，对自己孩子，却采取完全不同的方法。如果孩子做错了事，父母马上批评一顿；做了好事，或者在学习、生活中进步了，父母觉得孩子取得成绩理所应当，甚至有时还嫌孩子进步慢。即使表扬，也是轻描淡写地表扬几句，最后还不忘警告："记住，不要骄傲，下次要做得更好。"

其实父母这么做对孩子非常不公平。作为父母，我们一定不要在孩子面前扮演不同的角色，一方面用严厉的语调指责自己孩子微小的错误，另一方面却用夸张的语言赞赏别人孩子微小的优点。尤其是在公开场合，如果孩子犯错，父母可以像故事中的劳瑞一样，把孩子轻轻拉到一边告诉他们父母的期望。父母在公开场合尊重孩子，避免让他们处于尴尬的境地，这种做法会赢得孩子的尊重。

研究显示，孩子和成年人一样尊重那些尊重自己的人。作为父母，在生活中，要有尊重人的观念，尊重孩子，尊重家人。尊重是一种态度、一种心态，对孩子来说，也是一种应该学会的重要品质。同时，父母只有赢得了孩子的尊重，才能消除与孩子之间的心灵隔阂，在和谐的家庭氛围中有效教育孩子。

02 孩子出现行为问题，不要急于找孩子的错

在孩子的成长过程中，他们不守规矩的原因有很多，父母在应对孩子的不当行为，采用惩罚之前，如果能找到孩子做出这些不良行为的原因，就能更有效地帮助孩子改正错误，培养他们的好习惯。

索菲前段时间为儿子亨利大伤脑筋。原因是9岁的亨利总是惹事：一会儿把妹妹安娜的鞋子扔到院子里，一会儿向妈妈撒谎，一会儿在学校和其他孩子打架，一会儿又把爸爸珍爱的收藏品迷你汽车摔在地上。

亨利的这些行为让索菲非常生气。索菲几次碰到我，都愁眉苦脸地向我抱怨，告诉我她真弄不明白一向懂事的亨利为什么要这么做。索菲还提到，她知道亨利做错的事中有些是情有可原的：比如不小心把爸爸的收藏品迷你汽车摔在地上。但有些事情，亨利明明知道不应该做，却还是做了。她为此很烦恼，真想好好责骂亨利，教训他一下。可是，不久之后，索菲忽然高兴地告诉我，她终于找到那段时间亨利出现行为问题的原因了。原来，今年年初，索菲答应暑假期间带亨利和他的妹妹安娜一起去多伦多度假，可是由于家中突然有事，索菲取消了去多伦多度假的计划。亨利心怀不满，每天惹麻烦向妈妈发泄自己的愤怒。索菲还告诉我：其实她自己也有责任，因为当时没有把理由清楚地告诉孩子，而只告诉亨利他们不能

去多伦多了。

在育儿过程中，相信很多父母都像索菲一样碰到过孩子那些令人讨厌的行为：有时是孩子不愿和父母合作，凡事和父母顶嘴，违抗父母的要求；有时是孩子缺乏责任感，做事拖拖拉拉，逃避任务。许多父母对孩子的行为问题感到束手无策，因此，忍无可忍时经常采用打骂孩子的方法，试图达到管教孩子的目的。

为什么会急于动手打孩子

多数父母通过打孩子来管教孩子的方法得自父母的遗传。得克萨斯大学奥斯汀分校人类发展与家庭学专家伊丽莎白·格西奥夫博士根据自己15年对美国儿童体罚研究的结果提出：那些幼年时受到父母体罚的人，成为父母后更有可能使用同样的方法管教自己的孩子。如果父母认为“棍棒底下出孝子”的方法有用，那么自己也会沿用此法，因为儿时父母的“言传身教”在我们的心里打下了深刻的烙印。

在生活中，身为父母的我们可能都碰到过这样的情形：每天早上我们都急着为上班做准备，但孩子就是不听我们的安排，一会儿不肯吃饭，一会儿把喝水的水杯打破了。父母因此而感到抓狂，情急之下，就会动手打孩子，这似乎也是短期内最直接、最有效的方法。事实上效果并非如此。多数父母也会意识到打孩子是粗暴行为，因而在体罚孩子之后，会因为自己失手打孩子而后悔，他们有时会向孩子道歉，有时也会给孩子物质补偿，但这些都不是行之有效的方法。

关于该不该打孩子的争论

“父母该不该打孩子”一直是北美中产阶级家庭教育中的一个焦点问题。北美的一些育儿专家、发展心理学和行为学专家对此也争论不休，各派都有各派的理论做依据。

赞成方：尽管多数父母反对向孩子施暴，但他们支持给孩子合理的体罚。这是因为：

◎“打是亲，骂是爱”，父母打孩子是为了孩子好

现在有些孩子太过分、太不懂事，父母光说教不行，没有用。因此，要禁止孩子做一些危险的事情，比如处理孩子出走等事件，打孩子比较有效。

◎打孩子可以树立父母的权威

有些孩子对父母的意见和管教不屑一顾。通过打孩子可以让孩子明白，父母才是家庭中的掌权人，孩子在家中不能为所欲为，他们应该尊重父母的权威。就如你在路上因为超速被警察拦下，警察会听你的申诉吗？他们才不会因为你有理由而不给你罚单。因此，打孩子就是要让孩子明白这一点。

◎适度体罚不会对孩子造成持久的伤害

尽管加州大学伯克利分校的心理学家伊丽莎白·欧文斯博士一再强调她本人并不主张体罚孩子，也警告大家说经常和用力打孩子的屁股可能会导致孩子产生巨大的精神压力。但她和她的同事戴安娜·鲍姆林德博士通过长达12年的对体罚的研究发现：如果父母偶尔适度体罚孩子并不会给孩

子造成持久的伤害。

反对方认为打孩子会造成下列后果：

◎迫使孩子说谎

孩子慑于父母的权威，表面上不得不按照父母的要求做，但实际上，他们非常不服。在以后的行事中，孩子们会更小心，当着父母的面是一套，背着父母又是一套，尽量不在父母面前做他们不认可的事。久而久之，影响父母和孩子之间正常的交流。

◎和未受体罚的孩子相比，被打孩子的性格更暴躁

美国社区健康科学教授凯瑟琳·泰勒在一项对2500名青少年的研究中发现：在3岁时受到父母打屁股惩罚的孩子，在5岁时和那些没有受到体罚的孩子相比，更好斗。父母打骂孩子，就是用自己的行动告诉孩子，有分歧时可以用打人的方式达到自己的要求，因此经常受到父母打骂的孩子常常以同样的方式去解决朋友之间的纷争。这些孩子更习惯于欺负弱者。

◎打孩子可能阻碍孩子智商的发展

新罕布什尔大学社会学和家庭研究实验室的默里·施特劳斯和太平洋研究和评估学院的玛丽·帕莎尔，2009年在加利福尼亚举行的“关于暴力和虐待会议”中发表的研究结果显示：幼年时未受到父母体罚的孩子的智商比受到体罚的孩子的要高。研究人员把1510名2~9岁的孩子分成2组。他们首先对第一组806名2~4岁的孩子进行测试，接着又对第二组704名5~9岁的孩子进行测试。每个测试小组都有被父母体罚过的孩子和没有受到过体罚的孩子。研究人员在4年后对这两个组的孩子进行追踪测验，并把测验结果和第一次

测验进行比较之后发现：第一组的孩子中，未遭体罚过的儿童，智商的平均商数比经常挨打者高出5分，而第二组的孩子中，这一差距是2.8分。

◎伤害孩子的自尊心

经常受到父母体罚的孩子很有可能患上抑郁症，并因此而丧失自信心。即使幼小的孩子也有自尊心，如果孩子挨了打，他可能会认为那是因为自己不够好，所以父母要打他。已故心理学家欧文·海曼和他在坦普尔大学的同事证明：不管孩子出自怎样的家庭，遭受体罚的孩子都缺乏自尊心。

总之，对于淘气的孩子该不该打，不能一概而论，应该视孩子、父母和家庭的具体情况而定。其实，在应对孩子不良行为之前，我觉得父母首先应该弄明白孩子为什么要违规。因为在孩子的成长过程中，他们不守规矩的原因有很多，父母与其简单地采用体罚措施，倒不如找到孩子出现这些不良行为的原因，只有这样才能更有效地帮助孩子改正错误，培养他们良好的行为规范。

孩子为什么会出现行为问题

根据《孩子：挑战》一书作者、美国儿童心理医生和教育学家鲁道夫·德雷克斯博士的理论，儿童行为异常的原因有四个方面：寻求注意、争取权力、报复、自我感觉差。

◎寻求注意

孩子喜欢被人注意。如果他们的好行为得不到父母、老师或者同伴的注意，他们就会使用一点儿小计谋得到父母的注意，有时甚至是通过使用不良行为。

请大家想一想，如果孩子独自一人静静地在自己的房间看书、做作业，父母会不会经常过去关注一下他们？但如果孩子在自己房间里乱踢家具、在墙上乱涂乱画，父母知道后，多半会马上过去让孩子停下来，并教育孩子。父母走过去教育孩子这一举动，尽管是负面的关注，但对于没有得到父母关注的孩子来说，却也能满足他们渴求父母关注的需要。也正因为如此，孩子可能在父母的教育和命令下，暂时停止自己的不良行为，但只要他们所需要的关注得不到满足，他们就会再犯同样的错误，以引起父母的注意。

所以在育儿过程中，父母要给孩子足够的注意，让孩子明白父母永远在他的身边，无条件地爱他，做他的后盾。如果父母意识到孩子犯错只是为了得到更多关注，也就明白孩子不愿意按照父母的要求行事的原因。因为对于孩子来说，父母对他们的批评、责备、唠叨只是意味着父母对他们行为的关注。在这些孩子的心目中，就算是父母批评自己，也比被父母忽视要好。

◎争取权力

随着孩子成长，他们渐渐地意识到自己是一个独立的个体，对人、对事，他们有自己的见解。他们不愿接受父母的那一套观念，有时以消极的态度反抗父母的要求来争取自主权。而在父母心中，孩子是未成年人，他们的思想和观念还不成熟，需要父母不时地叮嘱，孩子不能在家庭中拥有和自己同样的地位和权力。这么一来，孩子和父母之间就有可能产生对立情绪，也就是“权力之争”。

在和孩子的权力之争中，父母需要采取友善但坚定的行动，避免和孩子陷入长时间的争论。避免陷入和孩子的权力之争的一个比较有效的方法，就是给孩子提供选择。

◎报复

有时孩子做错事，受到父母的惩罚，孩子觉得自己受到了伤害，所以他必须用不良行为报复父母以求得心理平衡。孩子采用报复的手段多种多样，有的孩子为了报复父母而不惜走上犯罪的道路。

对待孩子的这种报复心理，父母应该耐心对待，不要以报复的行为对待孩子的错误。父母可以通过改善亲子关系，和孩子有效沟通，树立孩子的自信心来解开孩子的心结。

◎自我感觉差

当孩子很累或感到不舒服时，他们就容易做错事。通常，孩子每天需要8~12小时的睡眠，需要健康的食品，也需要呼吸新鲜空气和运动。如果孩子的生活中缺少这些基本要素，他们可能会出现一些不良行为。心理学的研究显示：睡眠是人体最低层次的需要，如果孩子的睡眠长期得不到满足，他们除了感到疲倦之外，还会有烦躁、焦虑不安、情绪不稳等问题。因此，孩子需要有规律的作息，且生活安定。如果孩子的生活突然发生了变化，如搬家、有朋友来访等，都有可能让孩子作出和平常不同的举动。

自我感觉差的孩子常用不良行为来纾解自己内心的压力，向人证明自己有多坏。这些孩子常见的不良行为有吹牛、撒谎，甚至打架。由于经常受到批评，或者自己的行动经常得不到支持，慢慢地孩子会失去自信，也不愿尝试新事物。对于这样的孩子，父母要用心帮助孩子建立自信，采用鼓励和表扬的方式让孩子重新找回自我。

在成长过程中，孩子一般都愿意和父母合作，但时不时他们也会出现不合作的行为，这是孩子在发展过程中极其正常的表现，父母大可不必惊慌。如果当这类行为只是偶尔出现一次，父母更不必刻意去关注。但如果孩子的行为问题反复出现，就应引起父母的注意。

当孩子出现问题时，父母切忌急于寻找孩子的错。如果父母只是粗暴地辱骂孩子，严厉地惩罚孩子，甚至限制他们的一举一动，而不是去认真分析孩子发生行为问题的内在原因，那么父母就错失了帮孩子认识错误并改正错误的机会。要矫治或消除孩子的行为问题，父母就要深入了解孩子产生这种行为问题的动机。只有弄清孩子发生行为问题的原因，才能对症下药。对于孩子合理的心理需求，父母要尽量满足，而对孩子不合理的需求则要加以引导。只有这样，孩子的心理行为问题才有可能得到真正的、彻底的矫治。

03 理性应对孩子的顶撞

在多数情况下，孩子顶撞父母是为了引起父母的注意。他们希望通过顶撞，摆脱父母对自己的控制，向父母展示自己的威力。父母要把孩子表达观点、愿望的语言和顶撞父母的语言区分开来，理性对待。

上周日，受朋友玛丽亚的邀请，我们一家去她家玩。玛丽亚来自美国，在我校工作。她有两个儿子，10岁的尼克和5岁的萨姆。一进玛丽亚家，我们就看到正静静地坐在沙发上看书的尼克。尼克一看到我儿子，就亲热地拉我儿子一起上楼，直奔他的卧室。半个小时之后，我儿子走下来问玛丽亚，他是不是可以和尼克一起玩Wii游戏机。玛丽亚看着我儿子说："对不起，我也很想让你们玩Wii，但可惜的是你们今天不能玩。因为昨天尼克粗鲁地顶撞我。作为惩罚，我们这个周末禁止尼克玩一切电子产品。"

从玛丽亚那里我了解到：昨天上午她让正在玩乐高的尼克准备一下，半个小时后和她一起上超市买东西。平时好脾气的尼克不知为何突然向玛丽亚发飙，大声责问玛丽亚为何周末也不让他休息，非要邀上他一起购物。玛丽亚说道："最近尼克火气很大，动不动就会向我们发火。尽管我知道尼克的表现很符合这个年龄的孩子的特征，但作为父母，我们不能放任孩子对我们不尊重。如果我们不加制止，孩子一定会变本加厉，所以我们马上对尼克进行了惩罚：这个周末不许他玩任何电子产品。”

随着孩子接触范围的扩大，知识面的增加，他们的内心世界丰富了，对社会、对人生有着与父母不同的看法。他们认为自己已经成人，不希望父母处处管自己，渴望独立。父母可能会慢慢察觉到以往亲密无间、无话不谈的孩子突然变得时时顶嘴、事事抬杠。

孩子强词夺理地反驳、顶撞父母，恐怕没有父母会不生气。况且，孩子跟父母顶嘴、不尊重父母和长辈，在传统家庭里也是绝对不允许的。因此，每当碰到孩子顶撞自己，父母都会困惑：孩子怎么一下子变得这么无礼？他们为什么会有这样的变化？是不是我们的家庭教育出了什么问题？

孩子为何会顶撞父母

孩子顶撞父母有各种各样的原因。有时是他们想试探父母的底线，看父母会不会妥协，同意他们随心所欲地做自己想做的事；有时是父母过度干涉，不尊重他们的意见，强迫他们做自己不愿做的事，他们想作出反抗；有时是他们觉得父母做事不公平，要求孩子做的事，父母却没有做到，等等。

孩子顶撞父母，在某种意义上是因为他们在与父母交流和互动过程中体会到无力感和挫折感。没有人会喜欢自己有无能为力的感受，儿童也一样。当父母禁止孩子做某件事时，孩子会感到父母剥夺了他们主宰自己的权力。因此，多数情况下，孩子顶撞父母，是为了引起父母的注意。他们希望通过顶撞，摆脱父母对自己的控制，向父母展示自己的威力："你不是我的老板，我有主宰自己的权利。"他们有时使用让别人生气或难过的语言、行动来让父母向自己屈服，从而使自己的权力欲得到满足。

由于孩子，特别是幼儿的思维是感性的，他们不会像成年人一样经过大脑思考后再说话，而只会把自己的直观感受说出来。因此，孩子顶撞父母很正常。而如何应对孩子的顶撞，也是父母在育儿过程中抱怨最多的一个难题。《完美育儿：1000个育儿技巧词典》一书作者、美国育儿专家伊丽莎白·潘特雷曾说过："所有的孩子或多或少都会有顶撞父母的举止和行为，但父母应对孩子顶撞的方法会决定孩子这种行为是不是得以持续。"

抱怨式顶撞和辱骂式顶撞

当孩子的要求、愿望得不到父母的满足时，他们常常会感到失望和沮丧。他们希望通过抱怨向父母表达自己不满、抵触的情绪，并以此来挑衅父母，试图挑起和父母的争论。父母要把孩子表达观点、愿望的语言和孩子顶撞父母的语言区分开来，理性对待，不要轻易陷入争论中去。尽管孩子在口头上对父母的要求不满，但只要他们不使用不敬言辞，或者辱骂式言辞，最后照着父母的要求做了，父母就可以允许他们有抱怨式的顶撞。只要父母不理会孩子的挑衅，那么孩子这种抱怨式顶撞就不会引发父母和孩子之间的争吵。

米勒的爸爸想要修理浴室的水池，他请正在玩游戏的米勒帮忙。米勒对爸爸让他停止玩游戏机而帮忙做事很不满。以下是米勒和爸爸之间的两组对话。

例1：

爸爸：浴室的水池堵住了，我要修理一下，你过来帮个忙。

米勒：不行，我现在在玩游戏。

爸爸：你可以帮我修好之后再玩。

米勒：我现在有事，你是不是可以周末再修？

爸爸：不行，如果我们不修的话，水池就不能用。

米勒：真是的，你不能自己一个人修吗？这太不公平了，我的朋友都不用帮父母做事。而你什么事都要我帮忙！

例2：

爸爸：浴室的水池堵住了，我要修理一下，你过来帮个忙。

米勒：我在打游戏，你难道没有长眼睛？

爸爸：你可以帮我修好之后再玩。

米勒：（怨恨地看了爸爸一眼）我为什么要停止玩游戏去帮你？你是世界上最刻薄的爸爸。

爸爸：不行，如果我们不修的话，水池就不能用。

米勒：（“砰”的一声踢开浴室的门）你这个笨蛋，这点儿小事都搞不定，还要我帮忙。

从以上两段对话中，我们可以发现，例1中，米勒和爸爸的交谈，有时是说明理由，有时是抱怨式顶撞，米勒在顶撞父亲时并没有辱骂父亲。但例2中，米勒的顶撞是辱骂式顶撞，因为他使用了“你没有长眼睛”“笨蛋”等侮辱人格的词汇。在这种情况下，米勒父亲可以就米勒的顶撞进行必要的管教。

应对孩子顶撞的方法

一旦觉察到孩子出现顶撞的行为，父母应该采用什么样的方法来应对呢?

◎忽视孩子的顶撞

孩子希望通过顶撞父母以引起父母的注意，让父母接受自己的意见或建议。因此，父母在应对孩子顶撞时所犯的最致命的错误是对孩子的顶撞进行针锋相对的反驳或理论。有时父母想用自己的权威打压孩子嚣张的气焰，或者想通过说教让孩子接受自己的意见。殊不知，父母这么做，往往更能激起孩子的怒气。他们会愈发任性地和父母较劲儿，顶撞父母。有的孩子宁愿“鱼死网破”，也不愿向父母屈服。这样，父母会因孩子的顶撞而感到下不了台。为了避免让自己陷入和孩子不必要的争论之中，父母可以忽视孩子的这种顶撞。

杰西来到厨房，看到冰箱的门没有关紧，就怒气冲冲地向看电视的女儿罗斯说道：“你看你，又忘记关紧冰箱门！快去把冰箱门关了！”罗斯随口回答：“不是我忘了关冰箱门。”然后她继续看电视。杰西看罗斯没有马上起身去关冰箱，更加生气：“不是你，是谁?家里只有你整天忙着看电视，什么也不顾。”罗斯觉得很委屈，便忍不住跟杰西争起来：“你凭什么说是我干的?你看到我用冰箱了吗?今天我根本没动过冰箱!”面对女儿的反驳，杰西火冒三丈：“我跟你说冰箱门开着，你就不能停一停，先去关了冰箱的门再看电视?”罗斯愤愤地说道：“我知道你就是不愿意让我看电视，我一看电视，你就要找我的碴儿。再说，我今天的作业已经都做完了，我有权在我空余的时间内做我自己想做的事。我看电视也没有影响你，你冲我发火干什么？”

在上述故事中，杰西看到冰箱门没有关，她想让罗斯去把冰箱门关掉，因此引发了顶撞和争执。如果杰西在听到罗斯第一次回复时停止没完没了的数落，那么母女俩就不会因冰箱的门没有关紧而进入一系列的争执。

如果孩子顶撞一句，父母每次都反驳，这样循环往复，谁都不肯示弱的话，那么亲子关系就会越来越紧张。因此，父母可以采用忽视的方法来应对孩子轻微的抱怨式顶撞。

◎确定孩子哪些行为需要改变

如果孩子像上文例2中米勒那样肆无忌惮，到了辱骂父母的地步，甚至向父母翻白眼、发飙，那么父母一定不要无动于衷，绝不要容忍孩子这样的行为。

当然，每个家庭中，父母容忍孩子顶撞的程度因人而异。但通常来说，父母可以使用这样的标准来判断是否需要容忍：孩子顶撞时使用的语言和举止是不是可以在普通朋友之间使用？如果这样的语言和行为会影响到朋友之间的友情，那么父母就必须制止孩子的这种顶撞。

在北美，许多父母认为，要有效地让孩子改变不良行为，不能一下子给孩子提许多要求，而应有针对性、有重点地让孩子改正某个或某些不良行为。就如我们成年人到了一个新单位，对于新单位的许多行为规范，也不是马上都能记住一样，孩子也是如此。如果我们给他们的要求太多，他们很难一一记下。所以父母首先要弄清自己最希望孩子纠正的到底是哪种不良行为。比如，在文章开头故事中的玛丽亚看来，尼克对父母的态度不好，父母不能容忍这种行为，所以需要改正。

◎及时制止孩子的不良行为

潘特雷在《完美育儿：1000个育儿技巧词典》一书中，称“顶嘴”是一个非常不好的行为，在孩子第一次顶嘴时，父母一定不能姑息，要及时纠正孩子的不良行为。她还在书中给父母介绍了各种制止孩子顶嘴的方法。

为了防止孩子的不良行为成为习惯，北美父母认为重要的一点是：判断孩子的各种行为是否属于需要立即制止的不良行为。比如，父母告诉孩子先做作业再玩，孩子就对着父母翻白眼；或者当父母让孩子把自己吃完的脏碗放到水池，孩子用不耐烦的语气回答父母“知道啦”。如果碰到这种情况，北美父母通常会立刻采取必要的行动。他们会明确告诉孩子：“这种行为或者说话的语气非常不尊重人，让我们很生气。”请看以下几个例子中，北美父母向孩子指出的是他们的不良行为，而不是批评孩子的性格：

- “当我跟你说话时，你向我翻白眼，这是不尊重我的举动，我要求你改正。”
- “我和你谈话，你却要我冷静下来，这种说话方式妈妈无法接受，你不能这样跟妈妈说话。”
- “你向我们要东西时，总是使用抱怨的语调。这样不行，你需要用礼貌的语气和我们说话。”

当孩子挑战父母的权威，或者把自己的不良行为归因于父母的时候，父母也可以采用这种方法。比如，孩子因为早上做事磨磨蹭蹭，上学迟到而受到老师的批评。孩子反过来指责父母：你为什么不早点把我叫醒？为什么不告诉我要迟到了？对于这种不尊重父母的行为，父母一定不能姑息，而应及时制止。

在要求孩子改变态度时父母要尽量避免和孩子争论。如果父母要求孩子用礼貌的语言重复他们刚才说的话，而孩子想和父母争辩，这时父母可以简洁地告诉孩子“我说一遍已经够了”，然后离开现场。如果孩子拒绝服从父母的要求，那么父母可以使用事先和孩子约定的惩罚方式，坚决执行。

当父母忙于工作或者操持家务时，常常希望避免和孩子正面冲突，这样很容易让孩子逃脱惩罚。但这么做的结果是：孩子的不良行为没有得到纠正，慢慢他们就把这种行为转化为习惯。为了防止出现这种情况，父母要做的就是每当发现孩子的不良行为，都必须不遗余力地纠正。

◎重新审视家规

随着孩子的成长，他们的行动越来越自由，个性也越来越强，他们渴望挣脱父母的管束，希望独立自主。以前的一些家规可能已经不适合孩子的生活，父母需要重新审视。要改正孩子的不良行为，父母要做的第一步是制订一种有效的“后果”教育方案，反思一下，在孩子的行为中，最希望孩子改正的是哪些，写出来并制成表格，把最差的行为放在第一位。

但父母必须注意，在制定新的家规时应避免一下子给孩子太多的新规定，太多了孩子记不住。这样就达不到让孩子改正不良行为的效果。

父母可以心平气和地对孩子说：“最近我注意到我们之间常常有些争执，所以我们需要安静地坐下来，一起讨论。”父母要向孩子表达自己对他所作所为的要求和期望，并指出不这么做的后果。

父母一定要让孩子明白他们可以用礼貌的语言向父母表明自己的意见和观点。这也是孩子成长过程中必须学会的生活技能。父母还应该告诉孩子：父母愿意以开明的心态聆听他们认为有理的事，以及他们的观点，并和他们讨论，父母会尽可能结合他们的意见行事，但不一定非得采纳他们的意见。

当然每个孩子的个性和心理特点都不同，父母应对孩子顶撞的方法也应该随孩子本身的气质、个性而不同。引导顶撞父母的孩子，并没有一个固定的方法。了解孩子的特征，可以让父母更有效地帮助孩子改正不良行为。

04 再忙也要陪孩子，陪伴是孩子成长中最宝贵的滋养

每个孩子都受益于定期和父母共度的美好时光。因此父母要尽量想办法避免因工作而忽略了亲情，在忙碌之余，抽一点时间陪陪孩子，珍惜和孩子度过的每一分钟，真正用心地陪伴在他们身边。

来自多伦多的英语系教授罗宾森和在小学做法语老师的太太美琳达有两个孩子。大女儿菲奥娜今年刚进渥太华大学学习，小儿子詹姆斯和我儿子同班。每年暑假的最后一个星期，罗宾森夫妇都会带领孩子参加我们省北部一个为期一周的家庭夏令营。家庭夏令营的营员以家庭为单位，父母和孩子们一起参加夏令营中举办的各种活动和兴趣课程，如划船、钓鱼、陶艺等，在一周中共度欢乐时光。除此之外，罗宾森夫妇每周还指定一个时间段作为“家庭特别时光”。这一时间专属父母和孩子。

罗宾森告诉我：“和大多数的双职工父母一样，我们上班很忙。我开学后忙教学，参加各种会议，回家之后还得忙于家务。暑假一到，我又忙着做研究、写论文。太太教学任务也不轻，下班后还要照顾孩子，陪孩子参加各种课外活动，再加上家里养了一匹马，照看马匹需要很多时间和精力。孩子们平时忙着学习，课外活动，见他们的朋友等。每个人都忙着应付自己的事，平时交流的时间越来越少。所以我们和孩子商量之后，决定

参加家庭夏令营和设置家庭特别时光。”

现代社会，很多父母都面临着巨大的生活压力，像罗宾森夫妇那样每天忙于工作，还要承担养育、教育孩子的责任的父母并不少见。忙碌生活很容易导致亲子交流的危机。心理学家认为孩子的人格培养来自家庭生活。孩子将来的表现和信仰在很大程度来自家庭生活。所以父母要尽量想办法避免因工作而忽略了亲情。

其实想一想，如果我们撇开孩子上学、参加课外活动、和朋友一起玩这些通常没有父母陪伴在身边的时间，父母和孩子在一起的时间其实并没有想象中那么多。通常来说，孩子自出生到离家上大学期间，能够和父母在一起度过的所有周末加起来也只有940个。940个周末听起来像是很多，但父母可以算算自己已经和孩子度过了多少个周末。如果你的孩子已经6岁了，那么你和他们已经度过了310个周末。而且随着孩子的成长，他们自由支配的时间越多，和父母相处的时间也越来越少。因此，如果可能，父母应尽量从小给孩子安排“家庭特别时光”。

陪伴，为孩子设置“家庭特别时光”

沙滩上，5岁的艾米莉和爸爸约翰在一起兴致勃勃地堆沙堡。艾米莉手里拿着塑料小铲子，一会儿在沙堆里挖出一个洞，一会儿把沙子堆成一个沙堡。而爸爸则在艾米莉所建的沙堡周围挖出了一条大壕沟，用来保护艾米莉建成的城堡。父女俩在沙滩上，享受着属于他们一对一的时间，时不时开怀大笑、互相嬉戏。

父母和孩子共度的“家庭特别时光”通常有两种类型：一是家庭成员一起共度的时间，二是一对一的特别时间。家庭特别时光是指父母和孩子一起做一些事情，比如家庭晚餐、玩棋盘游戏、即兴音乐演奏会等。一对一的特别时光是指母亲或者父亲通过一对一和孩子共度特别时光加深母亲和孩子或者父亲和孩子之间的感情，为良好的亲子关系打下坚实的基础。

◎加强家庭成员之间的沟通

父母经常为如何与孩子进行有效沟通，孩子不愿向自己倾诉心声，孩子不肯听自己的建议等而烦恼。和孩子一起度过家庭特别时光可以帮助父母消除和孩子沟通的部分烦恼。有时就是每周几次和孩子一起共享晚餐，就有非常好的作用。2007年，“美国儿童健康调查”对2.4万余名儿童的饮食习惯与行为、学校表现和社交能力等方面做了调查，美国俄克拉荷马大学和俄克拉荷马州立大学的心理学家对调查数据进行了分析之后发现：全家人共进晚餐频率越高（每周4次以上），孩子的社交能力越强，学习专注度越高，总体表现比很少和父母共进晚餐的孩子优秀10%左右，而出现不良行为的概率则低8%。

因此，父母可以利用家庭特别时光与孩子谈论自己幼年、童年时期所发生的事情。比如，如何对待来自同伴的压力，如何应付家庭作业，如何准备考试等。让孩子明白父母也有过和自己相同的经历，只是由于时代的差异，面对具体的问题有所不同而已。

家庭特别时光一个很重要的意义在于给孩子提供了倾诉的场合，父母应做一个积极的听众，让孩子畅所欲言地表达想法和意见。

◎改善家庭成员的关系和凝聚力

孩子通过观察父母之间的互动及如何与他人交往来学习社交方法和技

巧。孩子从幼儿时就开始学习倾听的技巧，在和父母共度特别时光时，孩子了解到父母愿意倾听自己的意见和建议，他们因此更愿意把自己生活中所遇到的困难、烦恼或者梦想向自己的父母诉说。为孩子设置特别时光，还可以让父母暂时忘却生活中的家庭琐事、工作中的烦恼。如果父母平时很难从生活中的烦心事中解脱出来，那么在家庭特别时光中，有意识地撇开它们，享受和孩子共处的乐趣。

◎减少孩子上网时间

随着网络的普及，越来越多的父母为孩子喜欢上网而烦恼。事实上，许多孩子上网是因为父母忙于工作，没有时间和他们进行情感交流和沟通所致。在生活中缺少情感交流的孩子往往将视线转向网络，在网络这个虚拟世界中寻找可互动的对象。父母通过和孩子共度特别时光能有效地减少孩子上网的时间和概率。对于那些经常和父母共度特别时光的孩子来说，即使父母不在身边也能控制自己的时间而不会沉湎于网络、电视之中。在生活中能够得到父母合理关注的孩子，更不会用具有破坏性的不良行为来试图获得父母的注意。

◎减少父母的愧疚感

童年是快乐和自由的代名词，孩子飞速地成长，所以真正有爱心的父母都希望和孩子分享这一段幸福的时光。孩子也渴望和父母一起嬉戏，愿意让父母分享自己的喜好和欢乐。在他们喋喋不休的谈话中，父母可以了解到孩子所喜欢的游戏、音乐、画作以及他们的朋友。可是由于多种原因，许多父母迫于经济压力，不能整天陪伴孩子，而且上班时间对父母来说也不能轻易改变，因此父母可以安排和孩子共度“家庭特别时光”，这样也能为忙碌的父母减轻因没有足够时间陪伴孩子而产生的愧疚感。

陪伴的时间和质量

每个孩子都受益于定期和父母共度的特别时光，那么孩子需要多久的特别时光？当然，如果可能，亲子时间越多越好，但如果父母不是每天都有时间，那么每周一次也比完全没有亲子特别时光要好，父母要尽量多给孩子一些高质量的陪伴。

心理学家、美国心理协会的公共教育协调员大卫·帕尔米特指出：父母每周应该为每个孩子设置一个小时的特别时光。

- 幼儿（2岁以下）：他们离不开父母，需要父母无微不至的照顾，因此对于他们来说，每天都是和父母相处的特别时光。正因如此，有些父母常常希望时不时地离开孩子一下，享受一点属于自己的私人时间。
- 2~6岁的孩子：他们开始拥有独自完成任务的能力，每天需要父母陪伴的特别时光相对变少，但如果可能，父母每天还是需要和孩子一起共度15分钟的特别时光。
- 6~10岁的孩子：由于已经能够独立处理自己的许多日常事务，他们和父母相处的特别时光也变得越来越少，因此设定家庭特别时光，定期陪伴孩子，可以在亲子之间建立一座交流的桥梁，帮父母和孩子互相了解对方。

让爱在家庭特别时光中传递

- 在愉悦的气氛中，父母向孩子提出共度特别时光的建议。父母可以简单地问孩子是否愿意和父母一起共度一些特别的时光。让孩子给特别时光定一个名称，如“有趣的时间”“疯狂的父子时间”。

□ 父母和孩子共同设定一个适合大家的时间。具体时间可以根据父母和孩子的繁忙程度而定，可以是周末，也可以是平时。刚开始时，设定的时间可以短一些，这样可以避免疲劳或无聊。在设定时间时，父母需要考虑孩子的年龄，比如幼儿的专注力比较短，对于幼儿来说10分钟已经是很长的时间，而学龄儿童就可以适当延长至15~30分钟。一旦设定好时间之后，除了真正的紧急情况之外，父母不能因为外界的原因而随意取消或中断特别时光。

□ 家庭特别时光应该有规律性和定时性。父母不能因为这周太忙，就把应该和孩子共度的特别时光推迟到忙过之后再补回来。每一段特别时光都应达到预先确定的时间量。当然，偶尔在父母和孩子双方都同意的情况下，延长一次特别时光的时间，来完成他们正在进行的一项活动也未尝不可。

□ 接送孩子上学也是一个共度特别时光的好机会。因为在车中，孩子和父母没有外来干扰，能够专心致志地沟通和交流。

□ 家庭特别时光中的亲子活动最好具有自发性、趣味性和互动性，尽量避免看电视、玩电脑等被动的特别时光。

□ 避免每次都是涉及物质的活动。比如，给孩子购物，请孩子吃一顿饭了事等。

□ 父母陪孩子共度一段特别时光应是无条件的，也不应受到情绪的影响，更应排除生活中的一切干扰。在这段时间内，父母可以关掉手机，全身心地投入，享受和孩子共度的时间。

□ 共度特别时光的目的是促进温馨的亲子关系，因此，在和孩子共度特别时光时，父母要避免和孩子谈论他们的不良行为、对他们的要求等，而是专注于孩子的优点和长处。比如，父亲和孩子一起打篮球，孩子投篮的动作不是很正确，除非孩子愿意学习正确的投篮方法，否则父亲就应避免试图去教会孩子正确的打篮球的方法。因为父亲的反复纠错可能引起孩子的反感，让孩子产生抵触的情绪，从而破坏父亲和孩子之间共享温馨的特别时光。

■ 如果在特别时光里，孩子不愿和父母合作，父母可以选择取消或暂时中止特别时光，等孩子安定下来之后再恢复。

父母在忙碌之余，一定要抽一点儿时间陪陪孩子，不要让孩子成为得不到父母关注和陪伴的孤独者，而只能与电视、电脑为伴。当孩子找不到倾诉对象，变得越来越孤僻时，父母再想挽救就得花更大的力气和更多的精力。今天完不成的工作可以明天来完成，赚钱永远没有尽头，而孩子的快乐是用钱买不到的，孩子的童年也是一去不复返的。

设定家庭特别时光，让一家人共度欢乐时光，既增进了夫妻感情，也促进了良好的亲子关系，更为孩子提供了良好的家庭氛围。

在孩子的成长过程中，父母一定要放慢脚步，珍惜和孩子度过的每一分钟，真正用心地陪伴在他们身边。

第二章 沟通的秘密

有时候，即使父母非常希望和孩子有良好的沟通，也做了很多努力，可还是得不到孩子的合作，父母由此而感到困惑和烦恼：孩子为什么不愿和父母沟通？

那么亲子沟通真正的关键是什么？

“快乐计划”网站的创办者葛格雷琴·鲁宾表示，融洽和睦的家庭气氛绝不是建立在责骂与命令之上，而是建立在充满欢笑与正面鼓励的言语之上。父母应该积极理解孩子，让孩子体会到家庭的温暖，乐意和父母交流自己的思想和体会。

01 打破长篇说教魔咒，孩子更愿意听

有效亲子沟通应该是一个双向互动的过程。许多时候，孩子是否愿意听父母说话常常取决于父母说话的方式和方法。孩子从父母说话的声音、语调之中，就决定是否愿意听父母说话。如果父母讲的话孩子无法理解或者根本不愿意听，那么这种沟通就成了无效或消极沟通。

一天中午，我去朋友珍妮芙家，一进门就看到她9岁的儿子贾斯丁在检查他的羽毛球包。珍妮芙告诉我："贾斯丁今天下午1点有一场羽毛球赛，我先让他整理羽毛球包，他爸爸一会儿开车送他去赛场。"不一会儿，贾斯丁告诉妈妈："我已经整理完了，该装的东西都在包里，一切准备就绪。"珍妮芙说道："太好了，你还有15分钟时间，到时爸爸带你去比赛。"贾斯丁问："我看到艾萨克在院子里玩，我是不是可以去和他玩一会儿？"珍妮芙答道："行，但记着准时回来哦。"

15分钟过去了，贾斯丁并没有回来，珍妮芙的先生班森去院子里找贾斯丁。很快班森回来说："贾斯丁不在院子里，也不在邻居家。"10分钟过去了，还是没有贾斯丁的踪影，看得出来班森有些烦躁。如果贾斯丁5分钟内再不回来的话，他可能会迟到。正在这时，门开了，贾斯丁回来了。他非常抱歉地说："对不起，我刚到艾萨克家时，佩吉就请我们去她

家玩，我们去了，玩着玩着就忘了时间。”班森正要开口教训贾斯丁时，珍妮芙说：“班森，别忘了。”她看着班森，把两个手指放在自己的嘴唇边，做了一个“闭嘴”的动作。班森点点头，转向贾斯丁说：“你要求去玩15分钟，现在25分钟已经过去了，爸爸希望下次你能说到做到。快迟到了，我们快走吧。”

班森和贾斯丁走后，我问珍妮芙为什么要向班森做闭嘴的动作。珍妮芙告诉我：“以前，如果贾斯丁犯错，班森和我常常会长篇累牍地对他说教，但我们发现，随着贾斯丁一天天长大，他对我们的说教越来越反感。有时我们越说，他越对着干，因此班森和我重新审视了教育贾斯丁的方法。我们教育孩子，其目的不外乎两点：避免孩子犯错和培养孩子的责任心。因此，我们决定把教育的重点从孩子身上转移到我们自己身上，决定不再长篇累牍地说教，而是改变自己的教育方法。如果今天贾斯丁因为在外面玩的时间太长而耽误了他的比赛，那么不用我们多说，他会从中接受这个教训。”

有时，孩子觉得父母总是不停地说呀说，一厢情愿、没完没了地说，而从不愿意花时间倾听他们的意见或想法，因此他们往往对父母的话很厌烦。久而久之，孩子变得对父母的话充耳不闻。针对孩子对父母的话产生的听觉疲劳，在这里，我们看看北美父母使用哪些有效的对策。

是“听”还是“听到”

通常来说，父母让孩子“听”自己说话的目的不外乎两种情况：一是让孩子“听”自己；二是让孩子“听到”自己说的话，并按照说话的内容执行。“听”和“听到”是两个完全不同的概念。

如果父母希望的是孩子“听”自己，那么父母说话的目标是：把自己想说的话说出来，让孩子听，父母通过向孩子说话表达自己的感受。这么做，父母觉得“孩子听我说话了”。基于这种情况，父母可能不会考虑，也不会介意自己所说的话对孩子有怎样的影响。换句话说，当父母想让孩子“听”自己说话的时候，父母关注的对象是自己。反过来，当父母的目标是想让孩子“听到”自己，那么父母所追求的是：让孩子明确自己说话的内容，并按照自己的要求去做，也就是说，父母关注的重点是“听到”自己说话的孩子。我们平常所说的和孩子有效交流指的是上面所说的第二种情况。

在和孩子交流时，父母很难强迫孩子“听到”自己说话。而且我们都明白重复的说教不仅不能让孩子“听到”父母的话，反而让他们对父母的话产生反感。因此如果要孩子“听到”自己的话，父母需要采用有效的方法把自己说话的内容明确传递给孩子。只有这样，父母才能赢得孩子的合作。为了避免长篇大论说教，有效地让孩子“听到”，不妨试用下面三招：

采用启发式提问，和孩子一起寻找对策

在家庭教育中，父母常常会不由自主地告诉孩子“应该”怎么做。因为父母通常觉得自己在生活中积累了许多宝贵的经验，为了孩子好，自己有责任通过叮咛，把这些经验不厌其烦地教给孩子，这样才能保护孩子，让他们少犯错误，少走弯路。其实父母教育孩子时所说的话和道理孩子大多数都已经听过，很多时候也明白，但这些说教往往起不到任何效果。打

心自问，孩子的行为有多少次真正是因为父母的说教而改变的？

通常，北美父母认为，与其对孩子说教，倒不妨使用提问的方法，在和孩子的互动问答中帮助孩子找到解决问题的方法。在和孩子交谈之前，北美父母常常先把自己想要向孩子说明的关键点，需要使用哪些词汇等一一记录下来，用提问的方法问孩子，让孩子在父母的启发下，认识到自己的不足并找出解决问题的方法。这样，父母不仅培养了孩子分析问题、解决问题的能力，也更能赢得孩子的合作。因为这是孩子自己找到的解决方法，和受到父母强制性要求相比，孩子更愿意接受前者。

在朋友劳丽家，我曾听到了她和儿子马丁之间有关写作业的一段谈话。马丁告诉劳丽：有些数学题他不会做。劳丽巧妙地用启发式提问法帮孩子找到了问题所在，并为解决这个问题找到了正确方法。

劳丽：今天的家庭作业中，哪道题不会做？

马丁：第3题和第4题。

劳丽：为什么会觉得这两道题比较难？

马丁：因为我不知道怎么做。

劳丽：老师讲课时讲到了吗？

马丁：老师讲了，但我没有听到。

劳丽：为什么没有听到呢？

马丁：老师讲课时，安迪问了我一个问题。我回答他的问题时，错过了老师的讲课内容。

劳丽：嗯，上课时回答同桌问题，确实会错过听老师讲课。

马丁：所以我这两道题都不会做。

劳丽：让我帮你看看。

（妈妈帮孩子讲解了题目，孩子如释重负。）

劳丽：下次同学上课时问你问题，你该怎么做？

马丁：如果再有这样的情况，我让他先记下来下课再问我。

劳丽：对，这样老师讲的内容你都能听到了。

在生活中，当听到孩子说不会做作业时，父母常常会问："为什么不会做？"当得知孩子是因为上课没有好好听讲而不会做作业时，父母又会长篇大论地说教：上课听讲有多重要，以后上课时一定要注意听讲，不能开小差……父母换位思考一下，如果你听到这样的说教会有怎样的反应？

而在上文故事中，劳丽并没有因为马丁上课没好好听讲、不会做作业而对马丁进行长篇大论的批评，而是通过启发式提问，让孩子对自己学习上面临的问题进行思考。孩子在和劳丽的问答中，找到了造成问题的原因（上课时因回答同学的问题而错过了老师的讲课内容）以及解决问题的方法和策略（我让他先把问题记下来，下课后再问我）。这种方法避免了父母不停地单方面向孩子说教，变成了父母和孩子就上课时面对同学提问应该采用的方法而展开讨论。通过这样的交谈，父母既了解孩子的情况，也能帮孩子找到解决问题的方法。

◎启发式提问的注意事项

1.使用启发式提问和孩子交流时，父母应尽量使用开放式问题，而不是封闭式的问题。开放式问题通常以"谁""什么""为什么""如何"等词来发问。由于开放式问题没有明确的指向性，孩子可以首先就父母的问题进行思考，然后回答，这样有助于父母了解孩子，并培养孩子的分析能力。以下是一些开放式问题的例子。

- 你们一起在操场上玩，玛丽突然哭了起来，接下来发生了什么事？
- 米蕊和莎莎什么时候吵架了？

- 今天你们几个人参观了博物馆？
- 如果奥利维亚取笑你，你感觉如何？
- 你告诉山姆大家都不喜欢他的画，你觉得他会怎么想？
- 从萨莉应对被人欺负这件事情中，你学到了哪些经验？
- 如果有人让你不要和萝莉玩，你怎么处理呢？
- 想要手工做张生日卡，你知道向谁学吗？
- 怎么做才能弥补你的过错？
- 为了取得好成绩，你该怎么做？
- 在派对上大家高兴地玩游戏，一个人早退不容易，是什么原因让你决定提前离开玛丽的派对的？

2. 提出启发式的问题和孩子展开讨论时，父母希望得到的是真实的回答，但孩子的回答有时可能并不是父母希望听到的。如果是这样，父母也应该保持冷静，避免和孩子争论或辩解。如果父母对孩子的回答反应过激，不愿接受孩子的真实想法，那么孩子将来可能会隐瞒自己的想法，不会对父母坦诚相告。

3. 提问题时使用的措辞应该根据孩子的理解能力而定。如果孩子还不能理解父母启发式问题所要传递的信息，那么父母应该使用更简单的问题提问。

很多时候，孩子就是不明白父母的话，也会言不由衷地笑笑说“懂了”。因此，如果和孩子说话时父母引入了新的词汇，就应该问孩子是不是理解刚才的话，也可以让孩子解释一下听到的话。如果孩子解释错了，父母不要批评孩子，只要把这个新词的意思给他们解释一遍就行。

就事论事，抓大放小

人无完人，金无足赤。在育儿过程中，父母要记住的是：我们都有过失和缺点，孩子更是如此。在北美，父母经常说的一句话是：“要有选择性地和孩子‘争斗’。”也就是说，管教孩子时，父母一定要让孩子明确哪些事情他们必须按照父母的要求做，哪些事情是父母放手不管可以自主决定的。针对重要的事情，父母尽可能用简洁的话语来表达自己的意见，可说可不说的就不说。

妈妈给休伯特买了一件新外套。星期一，休伯特穿着新外套高高兴兴地上学了。可是由于天热，休伯特把新衣服脱了下来。回家的时候，休伯特把衣服夹在腋下，和同学一起走回家。可是到家时，妈妈问休伯特：“你的新衣服呢？”休伯特这才想起自己的新外套来，但他也不记得是什么时候掉的。妈妈非常生气，开始数落：“我一直告诉你，如果天热的话，把脱下的衣服放进书包带回家，可你总记不住。你的记性怎么这么差，前两天上课还忘了带圆规。你的脑袋长哪里去了？走路又不好好走，一定是和同学推推搡搡才把衣服弄掉的。以后一定要记住把东西都放进书包。走路要好好地走，不能和人拉拉扯扯的。回家之后你也只记得看电视，作业一点儿也没有做，你怎么每次都要妈妈提醒。”

休伯特丢了一件外套，这是妈妈需要和休伯特谈论的问题。因此妈妈可以忽略休伯特的其他问题，如怎样走路，回家后先做作业等。但妈妈一下子对休伯特提了太多的要求，休伯特不可能全记住。正确的方法是，妈妈可以在和休伯特了结了如何处理脱下来的衣服这件事之后再讨论其他的问题。

此外，父母还应避免翻旧账，将孩子以前的过错一起拿出来数落。休伯特丢了一件衣服是不对，但这并不是一件大事。现在妈妈把休伯特前两天忘了带圆规的事也一起提了出来，这么一来，丢衣服这个原本不大的问题演变成休伯特总是不长记性等性格方面的问题。因此在处理孩子的错误时，父母切忌翻旧账，而要就事论事、针对这次的错来帮孩子识错纠错。

神奇的小纸条

现代社会的生活节奏越来越快，父母常常白天忙于工作，晚上回家还要操持家务。而孩子除了每天繁忙的学校生活之外，回家后还要完成大量的家庭作业，参加许多课外活动。这往往导致父母和孩子之间交流时间的减少，这种情况下，父母可以利用小纸条和孩子沟通。

快7岁的卢克晚上还是无法一个人睡觉，理由是怕黑、怕鬼。卢克1岁时，父母就给他准备了一间小卧室，培养他独自睡觉的能力。但这几年卢克都是断断续续地睡自己的小卧室，要么和父母一起睡，要么由妈妈陪着在小卧室睡，他睡着了妈妈才能离开。

卢克越来越大，如何让卢克单独睡觉这个问题一直困扰着爸爸妈妈。最近爸爸妈妈和卢克谈了好多次，卢克也答应独自睡觉。可是有时候虽然卢克睡觉之前说好了独自睡觉，但是到了半夜他醒来，又不敢过来找妈妈，就偷偷哭，一个晚上下来没睡几个小时。为此，爸爸在卢克睡觉之前，问卢克："你为什么不敢自己睡呢？"卢克想了想，非常胆怯地回答："我还是有点儿怕。"爸爸又问："怕什么呢？"卢克回答："怕魔鬼。”爸爸走出去，不久递给卢克一张纸条。纸条上画有一个爸爸紧紧抱着孩子，沉沉地进入甜美的梦乡的画。爸爸告诉卢克：“宝贝，爸爸相信你是一个勇敢的孩子，记住，无论在哪里，都有爸爸陪伴你，保护你。”爸爸把纸条放在卢克的枕头底下，并告诉卢克：“你怕了就拿出来，就像爸爸搂着你一起睡好不好？”卢克很高兴地说道：“好的。”那天晚上，卢克手里抓着那张纸条，沉沉地睡着了。

爸爸通过一张温馨的小纸条，给了卢克战胜黑暗的信心，更让卢克感受到父母的真心关爱。这样的小纸条更能避免父母一次次为让卢克独自睡觉而进行苦口婆心的说教。如果卢克下次再碰到怕黑、不敢单独睡觉的情况，爸爸只要提醒卢克一句“小纸条”就行了，卢克一定心领神会。卢克父母借助小纸条，通过寥寥数语去提醒、劝告孩子，让孩子明白父母的感受和期待。

要改变自己的说话方式并不容易，这可能需要父母不断的练习才行。此外，刚开始时，父母可能会觉得说起来很尴尬，但只要坚持不懈地努力，随着时间的推移，就会自然做到。而孩子也一定能明白父母的心意，能感觉到父母愿意倾听自己的心声，他们并不是一味说教的父母。

02 父母越唠叨，孩子越反感

在亲子关系中最具挑战的是孩子不听或者无视父母的指令。为了让孩子接受指令，父母常常多次重复提醒孩子就变成了唠叨，面对唠叨，父母和孩子都会沮丧。

一个晚上，朋友芭芭拉带着她6岁的儿子利亚姆来玩。芭芭拉是我校计算机系的教授，先生罗南是法国人，在法国的一家研究所工作。利亚姆和儿子玩得非常高兴，不知不觉就到了晚上8点。芭芭拉告诉利亚姆："天晚了，再过10分钟我们回家。"接着芭芭拉拿出她的手机，设置好10分钟后的闹钟。10分钟之后，听到闹钟响声的利亚姆来到妈妈身边，准备和妈妈一起回家。

看到芭芭拉在手机上设定闹钟时间，我问道："为什么要用闹钟设定时间？"芭芭拉回答道："以前要让利亚姆做一件事，我总得多次催促，而利亚姆也总要讨价还价，我常常发现自己不得不提高嗓门向利亚姆喊叫，弄得彼此都非常生气，家庭气氛也不好。后来我和利亚姆约定，要求他做事时，先给他10分钟预告或提醒的时间，并用闹钟定时，这样他可以有10分钟的准备时间。闹钟一响，他就得停止自己在做的事情。只有在特殊情况下，我才会同意额外延长一点儿时间。因为从小就这么做，所以利亚姆现在已经养成了用闹钟定时提醒的习惯。用了闹钟之后，我再也不用一遍遍地去催促利亚姆，既避免让我不停地唠叨，又改善了亲子关系。”

美国家庭教育培训师梅根·莱希对400位父母所作的调查问卷显示：在400位接受问卷调查的父母中，有348位父母认为在亲子关系中最具挑战的是孩子不听或者无视父母的指令。为了让孩子接受指令，父母通常会多次重复提醒孩子。家庭咨询师米歇尔·韦纳·戴维斯指出：人们可以用不同的形式诉说自己的要求，但如果一遍又一遍地重复自己的话语，就变成了唠叨。

唠叨令父母和孩子都沮丧

面对唠叨，父母和孩子都很沮丧。但多数父母都觉得是孩子不听他们说话，才迫使他们喋喋不休地提醒孩子，因而认为导致他们唠叨的直接原因是孩子，而不是自己。可事实果真如此吗？让我们来看看下面这个例子。

三年级期末考试，一向名列前茅的南希这次数学考砸了，没有及格。妈妈从老师那里拿到考卷之后了解到南希不是抄错了数字，就是漏加进位或漏减退位而丢分，便非常生气地责怪南希：“你看这几道题你都练过好多遍了，考试时你还做错？我一直告诉你做好题目之后要好好检查，你准是没有检查。以后注意了，做完题目，一定要好好检查。”从此以后，南希每次做作业，妈妈总是要叮嘱南希：“好好检查作业，不要像上次考试一样粗心而做错了。”南希就是考了好成绩，妈妈还是要对南希叮嘱一番：“不要忘记检查作业，否则又会做错，上次考试就是这样。”南希对妈妈在耳边不停地唠叨非常反感。面对唠叨，她有时沉默不语，实在忍不住就和妈妈顶嘴。南希的顶嘴让妈妈感到非常愤怒，她会更严厉地批评南希。所以，南希只好采取不理睬妈妈的方法来表达自己的不满。母女关系时不时因为妈妈的唠叨而显得紧张起来。

南希考试失败后，妈妈因为怕南希再次犯同样的错而给南希适当的提醒是有必要的。因为，父母最初的几次唠叨，孩子多半能够接受，但像南希妈妈这种反复的唠叨不仅不能起到帮助南希的作用，反而事与愿违。妈妈的唠叨引起南希极度的反感，并触发南希顶撞父母的冲动。我们换位思考一下，如果我们有这样整天向自己唠叨的父母，会有怎样的感受。这样的唠叨会让我们听从父母，还是会把我们从父母身边推开？ 不用说，大家都会明白的。

唠叨有很多种形式，通常母亲比父亲更容易唠叨，但不管父母以何种形式唠叨，唠叨的主题通常是孩子做错的事或者某些不足。父母没完没了的数落，事实上是对孩子不足之处的过度强调。有时，即使父母唠叨时并不是批评，只是规劝式的话语，比如，“别这样做”“别那样做”等，也常常让孩子感到父母对自己不信任，因此，常能引起孩子心理上的强烈反叛。在心理学上，这种“刺激过多、过强和作用时间过久而引起心理极不耐烦而反抗的现象”，被称为“超限效应”。

美国杜克大学心理学家坦娅·沙特朗对不同校区的学生所作的两项研究显示，如果父母对孩子房间的卫生状况总是喋喋不休，孩子可能会反其道而行之，甚至想钻进猪窝里。

经常生活在父母唠叨中的孩子，慢慢地耳朵就会“磨”出老茧。他们对父母的话语变得麻木，有选择地忽视父母说的话。父母的唠叨就如我们常使用的抗生素一样，过度使用就会让病毒产生耐药性。父母再三向孩子说的话，久而久之就在孩子内心引发抗拒的情绪。一听到这些话，孩子就会下意识地转移自己的注意力，想方设法地去思考那些和父母唠叨毫无关联的话题，以避免听到父母的声音。因此，唠叨很少能够达到父母所希望的结果，是亲子沟通中最无效的一种方法。

战胜唠叨，赢得孩子的合作

◎相信孩子

出于对孩子能力的担心和焦虑，父母常常一遍遍地叮嘱孩子：上课要听讲，对人要有礼貌等。如果父母在生活中事事提醒孩子，那么孩子就会养成凡事依赖父母的习惯。每次在提醒孩子之前，父母可以先在心中问以下两个问题：

- 孩子是不是有能力完成自己要叮嘱他们的事？
- 对孩子的这个要求是不是合理？

对于这两个问题，如果答案是肯定的，那么父母就不需要反复叮嘱孩子。尊重孩子，对孩子有信心，父母可以用最简单的方式告诉孩子：“我相信你能够独自处理这个问题，如果需要帮忙请告诉我们，我们永远在你的身边做你的坚强后盾。”

◎言简意赅

孩子的年龄越小，他们能倾听父母长篇大论说教的时间越短，因而说话时一定要言简意赅。通常认为，父母和幼儿连续说话的时间一次不应超过30秒钟，这也就是说两句话的时间。父母和孩子说了两句话之后，可以让孩子重复一遍自己所说的话，也可以让孩子对父母所说的话发表看法。这么做，父母可以判断孩子是否明白自己的话。此外，父母还应该根据孩子的状态来判断何时应停止说话。如果孩子变得坐立不安、缺乏目光接触、注意力不集中等，父母就应该停止和孩子说话。

◎制作日程表

《提升幸福：成为更快乐的孩子和更幸福的父母之10个简单步骤》一书的作者、加州大学伯克利分校的教授克里斯提娜·卡特博士曾说过："如果父母不想陷入一个永无止境的唠叨陷阱，那么首先要制订一个新的日程，让孩子养成一个习惯。因为一旦人们养成了习惯，就不用提醒而能自觉完成自己的任务。"

培养孩子的自觉性，父母可以和孩子一起制订每日作息表，并把作息表和日程安排视觉化。和孩子一起把作息表张贴在家中醒目的地方，以起到提醒孩子的作用，并让孩子根据作息表行事。比如孩子早上出门的时间表中可以标明：起床、整理床铺、刷牙、梳头、吃早饭、把脏碗放到水池。上学之前，检查一遍书包，穿合适的衣服等。这么做既能培养孩子养成良好的习惯，更能减少父母不停的提醒和唠叨，避免产生紧张的亲子关系。当孩子顺利完成表格中的任务时，父母不要忘记给孩子必要的鼓励和表扬。

◎闹钟

正如上文中芭芭拉所采用的方法一样，父母可以在各种场合使用定时器。比如，父母想让孩子准备上床睡觉，但孩子正看着电视，他通常很难听父母的话马上把电视关了。父母可以走到孩子身边，看着孩子的眼睛，或者用手轻轻拍拍孩子的肩膀，告诉孩子："我知道这个节目很好看，但还有10分钟，我们就要准备上床睡觉了。"父母可以用计时器设定10分钟，时间一到，父母可以直接走到电视机前把电视关了，并问孩子：“你要不要洗个澡？”

对于幼儿，父母可以使用有指针的闹钟，这样孩子能直观地计算时间，也可以帮助孩子认识时间。使用闹钟，让孩子自己控制时间，这样可以有效避免父母不停地唠叨和催促孩子。

◎说明理由

在生活中，父母不停的唠叨是因为希望得到孩子的合作。如果孩子明确父母为什么让自己那么做，明确按照父母的要求做之后能给自己带来什么好处，他们就会更愿意与父母合作，这样也就避免了父母因为孩子不按照自己的要求做事而不停地唠叨。因此父母需要让孩子明确按要求行事的重要性和必要性。比如：

- 妈妈让你把玩具车放进车库，是为了不被雨淋湿。
- 骑车时一定要戴头盔，这样就是摔倒了也不会磕破头皮。
- 吃完饭就可以让你的朋友来玩了。
- 客人马上就要到家了，妈妈请你帮忙把你的游戏卡整理好。
- 明天要去动物园玩，没有时间做功课，今天晚上吃完饭之后做吧。
- 晚上睡觉太晚的话，明天早上起不来，上课会迟到的，早点儿上床吧。
- 因为我们马上就要出发去奶奶家了，我让你把外衣穿好。
- 当你在街上乱跑时，我会很担心，所以请你抓紧我的手。

◎检测孩子的理解力

有时候，父母一再提醒孩子，但孩子还是没有按照父母的要求行事，或者对父母提的要求显出困惑的样子。父母因此不得不一遍又一遍地向孩子说明。要避免这样的唠叨，父母可能需要在给孩子说下个话题之前，先检测孩子是不是理解父母的话了。父母可以请孩子重复一遍自己所说的话。如果孩子不能重复，那么可能是父母刚才说的话太长，太复杂了。父母应该尝试使用更短、更简单的句子向孩子说明。只有孩子明确了父母的指令，才能执行。

◎给孩子缓冲的时间

当孩子专注于一件事情时，跟成年人一样，不希望被随意打断，因此，父母在让他们结束正在做的事情时，可以采用给予孩子5～10分钟缓冲时间的方法。

在这段缓冲的时间之内，父母要控制自己不停地提醒孩子的冲动和欲望，等规定时间一到，就果断地督促孩子进行下一项活动。这样父母就避免了唠叨。比如：

- 在外出之前，父母预先提醒孩子："我们过10分钟就要出门去拜访爷爷和奶奶。你可以再看10分钟电视，10分钟过后请你把电视关掉，我们出去了。" 如果10分钟后孩子还是继续看电视，父母可以走到孩子身边，轻轻拍拍孩子的肩膀，告诉他马上该关电视了。如果孩子还不动，父母可以把电视关了，并轻轻地跟孩子说："我们已经有了约定，是不是？"

- 孩子不停地在起居室扔自己的玩具，父母走近孩子，看着孩子的眼睛说："我们都应该爱惜自己的玩具，如果不停地扔，玩具很快就会坏的，请停止扔玩具。"如果孩子不愿听从，继续扔，父母可以从孩子手中把玩具拿开，用温和的语调告诉孩子："既然这样，那我先帮你保管一下你的玩具，等你知道要好好对待玩具时再还给你。"

这里值得注意的是，父母对孩子说话时态度要温和，并采用坚定和果断的语气，而绝对不能是犹豫不决的语气，要让孩子感觉到父母的坚定态度，这样，孩子才会遵从父母的安排和要求。

◎设定后果

在养育孩子的过程中，孩子时不时会犯错。面对孩子的错误，有时，父母找不到正确的方法，不知道如何去应对，也没有和孩子约定规则。有时，父母即使和孩子有了约定，却又不按原先的约定惩罚孩子，而用不停的唠叨去规劝孩子。要避免唠叨，父母可以根据孩子的年龄和家庭的实际情况设定后果。孩子一旦没有遵照父母的要求行事，父母就严格执行此前的约定。

10岁的安娜和父母约定放学回家之后一定整理自己的衣柜。如果忘了，周末便不能上同学家玩。可是安娜一回家完全忘了自己的承诺，忙着上社交网和朋友聊天。周末一到，安娜提出要去好朋友家一起做作业。尽管父母觉得是安娜违约，作为惩罚不应该让安娜去，但父母却被安娜去朋友家做作业的理由打动，认为情有可原，因此改变了初衷，同意让安娜去了。

让没有整理衣柜的孩子去朋友家，也就是父母打破了自己的承诺。如果父母经常这样“食言”，孩子就会养成钻空子的习惯。因为孩子知道父母的话不用当真，只要求求他们，他们就会改变。因此，当父母向孩子提出要求后，就必须适时地去监督他们，更要求父母言出必行，避免给予孩子“空洞的威胁”。要做到这一点，父母在给孩子提要求时，首先要确保自己有下一步行动的计划，并提前做好准备。这样，如果孩子拒绝按照自己要求做事，磨蹭或者争论，父母不用唠叨就有了应对的措施和方法。

◎花时间训练孩子

关爱孩子是每个父母的本能。有时，父母怕孩子太小，做事丢三落四，误以为多对孩子叮咛几次，孩子就会记住怎么做，所以父母会反复提醒孩子；有时，父母因为怕孩子做错事，便事事关心孩子，从孩子的饮食、穿着、交友，到孩子的作业等，父母喋喋不休，告诫孩子应该如何做；有时，父母发现孩子再三做错同样一件事情会非常生气。而父母一旦有情绪就很难控制自己，唠叨着批评孩子以发泄自己的情绪，但这根本不能解决孩子的问题。其实，父母应该理解孩子，放手教给孩子必要的技能来减少他们犯错的机会。比如，当孩子不小心把牛奶倒在桌上，父母与其唠唠叨叨地批评他们，倒不如拿来餐巾纸让孩子把牛奶擦干净。接着再考虑一下，自己有没有好好培训过孩子如何做事。有时候，许多在父母眼里非常简单的事，孩子做起来可能并不容易。所以父母平时在让孩子做某些事情时，首先要花时间训练孩子，这样才能让孩子按照自己的要求做事，减少出错的概率。当孩子完全掌握了必要的技能之后，父母可能会发现，孩子再也不会在这件事情上犯错了，父母自然就无须再三唠叨了。

总之，如果要让孩子按照父母的要求做事，父母就应该采取行动。让孩子明白，父母一定会说到做到。可能一开始孩子会不习惯父母的新方法，但父母只要坚持一段时间，孩子慢慢会接受。

03 拒用负面评论和听觉阻塞词，远离语言冷暴力

拥有跳跃思维的孩子常常顺应天性地行事，他们在日常生活中难免会做出一些让父母头疼的行为和举止。面对孩子的错误，如果父母逞一时口舌之快使用讥讽、刻薄的语言挖苦孩子，对孩子来说，这就是一种具有杀伤力的语言暴力。

一个下午，朋友娜塔莉请我和另外三位女士上她家喝下午茶。娜塔莉烤的饼干非常好吃，我们5人围坐在她家客厅聊天。没过多久，娜塔莉10岁的儿子乔尔从花园冲进屋里，他的外衣带倒了摆放在玄关走廊柜子上的一个花瓶，花瓶摇晃了一下，从柜子上掉下来摔成了碎片。我们都知道那个花瓶是娜塔莉去世的祖母留给她的传家宝，娜塔莉非常珍惜那个花瓶。一刹那，乔尔的脸上充满了内疚和惊恐的表情，眼泪在眼眶中直打转。他对妈妈喃喃说道："对不起，妈妈。"刚才愉悦的气氛一下子变得紧张起来，我们几位女士也都面面相觑，不禁替乔尔捏了一把汗，娜塔莉一定会非常生气。处在这种情形之下，我们几人也都觉得有点儿尴尬，不知道如何安慰母子两人。

看到地上的碎片，娜塔莉深吸了一口气走到乔尔身边。她抱了抱不安的乔尔，对他说："没关系，亲爱的，我知道你不是故意的，这只是一

个意外。”听了妈妈的话，乔尔的脸上显出了如释重负的表情，他说道：“妈妈，我以后一定会更小心。”事后，娜塔莉告诉我们：“尽管乔尔打碎了我心爱的花瓶，我很心痛，但我知道乔尔一定为自己打碎了花瓶而伤心，因此我不想再责备他。况且，花瓶已经碎了，我再骂他也无济于事，我相信他一定会从打碎花瓶这件事中学会更小心地走路的。”

在生活中，孩子都会做错事。他们有时忘了写作业，有时和朋友争吵，有时和父母抗争。父母都希望自己的孩子是最棒的，但如果孩子没能达到父母的要求或期望，父母逞一时口舌之快使用讥讽、刻薄的语言挖苦孩子，这可能会在孩子心理上投下阴影，严重时甚至可能让孩子失去自信心。美国杨百翰大学的协理副校长克雷格·H.哈特教授根据自己的研究指出：使用让孩子内疚或感到羞辱的方法教育孩子会给孩子的身心带来严重后果。这些具有否定含义的伤害性语言无疑是一种语言冷暴力，让父母和孩子之间产生严重的隔阂。

美国爱荷华大学的一项研究称，一般孩子平均每天得到432条负面评论，而得到的正面评论每天却只有区区32条。也就是说，孩子每天接受的反馈中只有6%~15%的语句是积极和鼓励话语，而大部分是消极、讽刺等具有负面意义的语句。

其实，大多数孩子都希望自己考试能够取得好成绩，每天完成老师布置的作业，按父母要求做完应该做的家务等。也就是说孩子都希望做能够取悦父母的事。如果孩子考试考砸了，或者做了错事，只要没有特殊的原因，他们大多也非常难过。父母要帮助孩子改正错误的行为无可非议，但一定要注意措辞。多数时候，父母只要稍微用心，修正自己和孩子说话时的语气和措辞，孩子就容易接受，亲子之间就可以获得有效的交流。

使用温柔的语气和孩子说话

和人说话时，语音、语气和用词具有同样重要的作用。试想一下，如果你的同事或朋友请求你帮他做事，其中一位使用愉悦、快乐的声音，而另一位使用生硬、严厉的语气对你提要求，那么你更愿意帮助哪一位？通常来说，大家都对悦耳的声音有好感，而对于高声、刺耳的批评自然而然会产生反感的情绪，这一点孩子也和我们一样。因此要让孩子愿意听，父母对孩子说话时要记住控制音量，运用恰当的语气、声调和措辞。

剔除令人气馁的负面评论

有些负面的词句就是成人也无法承受，更何况孩子。因此父母切忌用“你懒得像头猪”“像饭桶一样愚蠢”，或者“都是因为你，妈妈才经常迟到”等刻薄的语言来责骂孩子。

有一位朋友告诉我，他儿子有一次考试考砸了，因为害怕被爸爸收拾，选择了出走来逃避父母的责罚。孩子出走给父母敲响了警钟，朋友意识到再也不能轻易责罚孩子了。况且，如果孩子经常受到批评，就会感到自己像个失败者，长此下去只会导致失去自尊和缺乏自信。有时孩子甚至还会通过各种错误的行为将内心的委屈表达出来，这和父母想要的结果正相反，同时也更会伤害孩子对父母的感情。

“火腿三明治”法

在教育孩子的过程中，面对孩子犯错，父母当然需要批评和指正。在北美，父母批评孩子时常用“火腿三明治”的方法。“三明治”的第一片“面包”（第一句话）是表扬；“三明治”中间的“火腿”是父母向孩子指出的问题部分；“三明治”的第二片“面包”，又是一句令人愉快的、积极的评论句子。

- 第一片面包：“今天上午你不用妈妈的催促就整理好自己的书包，真棒！”
- 中间的火腿：“如果每天上午你都能这么做就好了。”
- 第二片面包：“妈妈相信你成熟了，更会照顾自己了，你一定能做到的。”

使用这种方法，父母既鼓励和表扬了孩子，又明确提出对孩子的期望，而孩子也更容易接受父母的批评。

拒用“听觉阻塞词”

美国心理学家吕贝卡·沙菲尔在《全神贯注地听，有更好的结果》一文中指出：“你”“如果”和“为什么”这三个词是“听觉阻塞词”。以这些听觉阻塞词开头的话语常常给人带来负面的感受，充满了指责的含义，在情感上给孩子增加了许多压力，更让孩子觉得父母在批评或指责他们，因此常常引起孩子防卫和逆反的心理。当父母用这三个词和孩子说话时，孩子常常拒绝听父母说话。

亲子交流多用“我”字句

如果父母在和孩子说话时改用以“我”做主语，向孩子表明自己的意愿和感受，这样可以带来缓和语气的效果。许多时候，孩子没有能力体察自己的行动给别人带来的影响，所以父母和孩子说话时，使用以“我”做主语的语句，可以让孩子了解父母的感受，帮助他们更多地考虑自己的行动会产生的影响，激发孩子更有责任地对待自己的行动。

◎说出感受代替生气

与其单纯地批评、指责孩子，父母倒不如向孩子表达自己的担心，这样可以让孩子感受到父母的爱，更能得到孩子的理解，从而取得孩子的合作，以达到亲子之间的有效交流。

责备和呵斥	使用“我担心……”表达自己的心情
这么冷的天，你想只穿一件单薄的外套上学？你怎么这么不懂事，如果着凉生病怎么办？	我担心你穿很少的衣服上学会受凉，请你穿上棉外套。
我多少次告诉你骑自行车的时候要戴头盔，可你总是不听。我说的你到底听进去没有？	我很担心你骑车时因不戴头盔而受伤，你得保证下次骑车时一定戴头盔。
我让你一回家就做家庭作业，你总是不听。现在都快到睡觉的时候了，你还不做？	我很担心你明天因为没有完成家庭作业而受到老师批评，请告诉我你准备什么时候做。

◎用善意提示代替讽刺的语言

孩子是未成年人，在成长过程中偶尔犯些错误，暴露一些不足，这并不为过。作为父母，我们不能因此讽刺、打击孩子，更不能小题大做，恶语相向，伤害孩子。父母可以使用善意的提示，来代替责骂、挖苦的语言。这么做会让孩子感受到父母的耐心和理解，从而采取合作的态度。

讽刺和挖苦	使用“我注意到……”描述事态
我多少次告诉你，放学之后吃完点心把脏碗放进水池，可我一到家就看到脏碗都在桌子上，你怎么这么蠢，屡教不改。	我注意到桌上有一些脏碗和剩菜，我想知道你什么时候会整理干净。
我让你看完电视把电视关了，你总是记不住，你没长脑子呀？不知道我给你做的好吃的都吃到哪里去了，真是榆木脑袋。	我注意到你看完电视之后没关电视，我希望你每次看完电视后把电视关了。
这次考试考得这么差，我都替你难为情。你还好意思拿回来让我看？	我注意到这次考试你没有考好，我们一起看看哪些地方你没有弄懂。

◎表达愿望代替强迫

父母应避免动辄使用生硬的语句，居高临下地命令孩子，让孩子完全服从自己的指挥。这种不平等的对话方式，让孩子感觉到逼迫、不舒服，进而导致内心深处的抵触和反抗的情绪。这样也与父母希望和孩子沟通的初衷是背离的。

压制和强迫	使用“我希望……”表达自己的意愿
我让你吃饭之前不要吃零食，你怎么还要和我讨价还价？ 我说了不行就是不行，你必须听我的。	我希望你吃饭之前不要吃零食，这样你才有食欲，把饭吃完。
我是一家之主，只有我同意，你才可以去看电影。你给我快点儿回来！	我希望你今天能准时回家。以后你去看电影之前请先征得我们的同意。
走路都不知道好好走，撞到了墙上，说你几句还要和我顶嘴。你给我闭嘴！	我希望你走路时看前面，这样不会摔跤。你可以答应妈妈吗？

◎避免使用威胁的语句

“如果……那么……”的语句常常让孩子感到父母是在威胁自己屈服。父母在感情和力量上对孩子实施的强力逼迫，会限制孩子思想和情感的自然流露，阻碍孩子和父母融洽的情感交流。这种话语更使孩子产生抵触和反抗的情绪。如果父母转换一下，把“如果……那么……”变成“你……之后就……”或者“一……就……”则会有明显不同的效果。两者表达的是相同的意思，但后者完全少了威胁的语气，这样父母更有机会赢得孩子的合作。

威胁和恐吓	使用“你……之后就……”或者“一……就……”陈述事情发生的承接关系
如果你刷牙，我就给你读一本故事书。	你刷完牙之后，我就给你读一本故事书。
如果你完成功课，就可以看电视。	你一做完作业，就可以看电视。
如果你今天不为自己的错误行为向你的朋友道歉，就不能出去玩。	你为你的错误行为向朋友道歉之后，就可以出去玩了。

父母说话的方式对有效亲子沟通无疑起着极为重要的作用。如果孩子经常受到父母冷漠的讽刺及嘲笑，他们极有可能在生活和学习中丧失自尊，形成自卑胆小的性格，更有可能对父母产生敌对情绪，从而拒绝和父母进行交流和沟通。父母更不能认为孩子太小没有自尊心和羞耻感，而低估、忽视孩子，或使用讥讽等带有惩罚性质的话语和孩子说话。须知，那些侮辱、轻视孩子的话语会严重影响孩子的身心发展。由此可见，在家庭中，父母给予孩子正面的鼓励和积极的表扬极为重要，因为这样才能让孩子感受到父母对自己的关爱，由此而产生自尊心和自信心。父母积极正面的鼓励不仅可以给予孩子力量，更能赢得孩子的合作。

温馨提示

□在生活中父母给予孩子积极的鼓励是培养孩子自信的开端。让孩子拥有自信是孩子获取成功的保证之一。

□正面鼓励造就孩子，而负面评论则摧毁他们。父母造成的孩子情感上的创伤有时需要一生的时间来修复。

04 积极倾听，让孩子愿意说

积极倾听，就是父母全神贯注聆听孩子，然后对孩子所传递的原始信息进行“解码”，“反馈”给孩子，并等待孩子的进一步表述以达到交流的目的。在积极倾听中，父母要放下已有的想法和判断，毫无添加地把听到的内容反馈给孩子。

“砰”的一声，门被推开了，一身湿淋淋的玛佩尔冲进屋来，头发上还滴着水。她走进客厅，气呼呼地在客厅的椅子上坐了下来。正在餐桌边和我一起喝茶的玛佩尔的妈妈耶达对我说了声“对不起”，起身走向客厅。耶达走到玛佩尔身边，想拥抱玛佩尔，玛佩尔把妈妈的手挡了回去，我想耶达也许会对玛佩尔拒绝的举动生气。但耶达没有，她拍拍玛佩尔的肩膀，问道：“玛佩尔，看样子你非常生气？”

玛佩尔：“是的，我真是气坏了！”

耶达：“为什么？可以和我说说吗？”

玛佩尔：“巴特莱居然离开汉斯家，独自去了梅根家，可他答应和我们一起玩的。”玛佩尔委屈得快要哭了。

耶达：“嗯，巴特莱没有遵守诺言，你一定感到很失望。”

玛佩尔：“对。我们在汉斯家玩打水仗的游戏。因为巴特莱走了，我只能一个人应付汉斯兄妹。他们两个合伙打我。” 玛佩尔愤愤地说。

耶达：“听起来你一个人对付汉斯兄妹很不容易。”

玛佩尔：“对，他们把我的衣服都打湿了。要是巴特莱在的话，我们两人合力，一定会赢的。”

耶达：“你生气是因为巴特莱走了，你打水仗输了，是吗？”

玛佩尔：“是的，妈妈。我真不明白巴特莱怎么会那么做。”

耶达：“嗯，我也在想呢，巴特莱平时很少食言。”

玛佩尔：“会不会梅根找他有什么事？”

耶达：“你讲得很对，非常有可能。”

玛佩尔：“那我一会儿好好问问他。”

耶达：“这个主意不错。”

玛佩尔：“对不起，妈妈，我刚刚对你很没有礼貌。我的衣服都湿了，我现在要去换衣服了。”

耶达：“没关系的，快去换衣服吧。”

玛佩尔回家之后非常生气，而且对妈妈的举动也有点儿失礼，但妈妈耶达并没有因此责备玛佩尔，而是通过积极倾听，接受玛佩尔的情绪，打开了玛佩尔的心结，轻松化解了玛佩尔的怒气。试想一下，如果耶达没有用心倾听孩子，而只是粗暴地对玛佩尔说“好了，巴特莱走了就走了，有什么大惊小怪的，这么一点儿小事不值得生气”这样的话，玛佩尔很有可能会因为妈妈的不理解而更有抵触情绪，她的怒气也可能会持续更久。

在生活中，当孩子感到沮丧、失望、痛苦时，他们非常渴望能够得到别人，特别是父母的理解，因为他们和成年人一样渴望和人沟通，得到理解，缓解自己的情绪。父母的积极倾听不仅能够帮助孩子消除情绪上的困扰，而且能够帮助父母更好地了解孩子，增进父母与孩子间的亲密关系，让孩子更有安全感。许多父母常常抱怨："孩子和我越来越没话可说，我从来都不知道他要什么。""我常常摸不透孩子心里在想什么。""怎么做才能了解孩子的心理。"作为父母，我们都是凡人，没有直接看透孩子内心的能力和技巧，但我们可以用耳朵倾听孩子，通过倾听，我们就能进一步认识孩子，尊重孩子，更能用真心接纳孩子。因此，在亲子沟通中，积极倾听扮演着非常重要的作用。

积极倾听，指的是父母全神贯注聆听孩子的话，然后对孩子所传递的原始信息进行"解码"，"反馈"给孩子，并等待孩子的进一步表述以达到交流的目的。在积极倾听的过程中，父母要放下已有的想法和判断，做个良好的倾听者——既没有否定、质疑和辩解，也没有评价或建议，只是把自己的理解反馈给孩子，没有丝毫添加的成分。

父母的倾听给孩子提供了倾诉的机会，宣泄自己心中郁积的情感，更让孩子感受到父母对自己的尊重。

有效的积极倾听，有以下几种方法：

使用正确的肢体语言，回应孩子的需求

积极倾听，父母首先需要做到的是全身心地投入倾听孩子的过程中，并努力注意自己的肢体语言，以及脸部表情、语气、语调。因为这样可以让孩子明白父母尊重他们的独立人格，愿意倾听他们的话，和他们分享生活和学习中的喜怒哀乐，也体现了父母和孩子心与心之间沟通和交流的诚意。

伯顿因为好朋友葛列格没有让自己玩他的玩具而感到很沮丧，他非

常想和父母谈心。他来到爸爸身边，说："爸爸，我再也不想和葛列格做朋友了。"但伯顿的爸爸正坐在电脑前忙着工作，他头也没抬起来，回答道："为什么呀？你们不是好朋友吗？别瞎说了。""可是，他今天在学校说我是个'笨蛋'。"爸爸说道："他一定是和你开玩笑呢，如果下次他再说的话，你就告诉老师。"爸爸还是专心地看着电脑。伯顿看到爸爸没有兴趣和自己说话，就来到厨房，想对妈妈说。可伯顿的妈妈急着给一家人准备晚餐，就告诉伯顿："宝贝，妈妈现在正在做饭，等一会儿再说吧。"说完转身忙着做晚餐了。伯顿看到父母都没有和自己说话的意思，就失望地走进自己的卧室，落寞地玩了起来。

孩子希望和父母说话，因为他们觉得被一些事情困扰着，有马上和父母交谈的需求。而伯顿父母的举动给伯顿的感受是父母没有兴趣听自己诉说。伯顿父母也因为忙碌而忽略了孩子的感受，失去了和伯顿交流的绝好机会。

在这里，伯顿父母的正确做法是：马上停止正在做的事，面向伯顿，平视他，和他进行眼神交流，倾听伯顿诉说，然后启发伯顿，这样才能了解伯顿不愿和葛列格做朋友的真正原因。

《无声的讯息：情感与态度中蕴含的沟通》一书作者、美国加利福尼亚大学洛杉矶分校社会心理学家阿尔伯特·梅拉宾博士在20世纪60年代末对非语言沟通进行了几项研究。他发现：当人的语调、面部表情和肢体语言、所表达的情绪信号跟语言传达的信息不同时，人们往往会更相信非语言信息。在日常沟通中，只有约7%的信息通过说话人使用的词汇来传递，而由肢体语言和语调所传达的信息则分别高达55%和38%。

尽管许多社会学家对梅拉宾博士所提出沟通中语言部分、肢体语言和语调部分的实际比例持有不同的看法，但大家一致同意：具体的数字无关紧要，但最重要的是，在沟通中起重要作用的不是语言部分，而是非语言部分。

曾经听到一位父亲这么说："我知道，在积极倾听之中，肢体语言、语音、语调具有非常重要的作用。我自己也觉得在和孩子交谈时，已经尽量注意使用温和的声调了，但孩子却认为我在生气。有一次，我让孩子把垃圾扔到垃圾桶，儿子问我是不是他做错什么事情惹我生气了。我那时明明一点儿也没有生气，但儿子告诉我，我的脸看起来非常气愤。"

确实，我们很难看到自己的脸部表情和肢体动作，所以有时难免会在无意之中做出令人误解的举止。父母要认识自己平时的表情和举止，不妨试着让人把自己和孩子交谈时的场面用录像机拍摄下来，事后和孩子一起观察和讨论。很多时候，父母根本没有意识到自己和孩子说话时使用的声调和语气是多么咄咄逼人。在视频上观察自己的举动会给父母有效的提醒，这也比听到别人对自己的描述更有效。

反馈式倾听

反馈式倾听让孩子明白父母非常重视他们的感受，父母还可以借复述来求证自己对孩子的话理解的正确程度，然后再给予反馈。当孩子明白父母愿意倾听自己的话，对自己表示尊重时，那么他们也会更愿意向父母打开自己的心扉。

反馈式倾听包括以下三个方面的内容：

- 复述孩子说话的内容。
- 听出孩子话语中所要传达的感受，思考一下孩子需要表达什么感受。接着把孩子所说的话进行概括和提炼，复述孩子的感受。

□ 指出困扰孩子的情绪或认同孩子的情感。

父母复述孩子的话，可以让孩子知道父母正在积极地倾听自己所说的话。当然，父母在复述孩子说话时，不需要一字不漏地把孩子的话照搬一遍，而是可以使用相似的语句或者用概括的语言表达孩子话中的意思。父母重复孩子的话的真正意义，在于从交谈中正确解读孩子话语信息中所传递的情感，在此基础上说出父母认为的引起这种感受的原因。

孩子把在学校画的一条狗拿给妈妈看。以下是妈妈如何重复孩子的对话：

例1

孩子：我今天在学校画了一条狗。

妈妈：你今天在学校画了一条“金毛犬”。

在这里，妈妈通过说明狗的品种来重复孩子的话。

例2

孩子：我今天在学校画了一条狗。

妈妈：你今天在学校画了一条很“可爱”的小狗。

在这里，妈妈通过对孩子所画的狗做了简单的描述，重复了孩子的话。

◎反馈式倾听向孩子提供情感上的支持，父母反馈孩子的情绪并尝试去接纳他的情绪和需求

要理解孩子话语中的深层含义，父母需要密切注意观察孩子说话时的语气、语调、面部表情、身体语言等非语言的信息，从孩子的肢体语言和行为中，体察孩子的情绪，提炼出孩子没有表达的内心深处的想法，并用准确的词汇概括孩子的情绪，帮孩子排解不良情绪和困扰。相对来说，要

重复、反馈孩子的“情绪”比简单地重复孩子的话语更难。

例1：

戴夫：我非常讨厌学校，它真的很烂！

爸爸：讨厌？这真是一个情感强烈的词语！看来你对学校的感觉真的很不好。

戴夫：哦，我并不是完全不喜欢学校，我不喜欢的是法语考试。

爸爸：你是不是担心考试得不到好成绩？

戴夫：是的，老师最近讲的东西非常无聊，我一点儿也不想听。

爸爸：这样的话，考试确实会有问题。

戴夫：可能我需要和法语老师谈谈，看他是不是能给我一些建议？

爸爸：嗯，找老师的话，他一定会帮助你的。

戴夫：要不我周末让艾文过来和我一起复习，艾文的法语很棒。

爸爸：这真是一个好办法。

戴夫：那我现在就去打电话和她约。

例2：

戴夫：我非常讨厌学校，它真的很烂！

爸爸：嘿，你不是非常喜欢学校吗？你怎么会恨它？

戴夫：这就是一个破学校，上课非常无聊。

爸爸：别傻了，每个人时不时地会痛恨自己的学校或工作，上课无聊是因为你不专心听，你会挺过去的，我建议你上课认真听课。别磨蹭了，快去做作业和复习功课。

在例1中，爸爸通过积极倾听戴夫的话，了解到戴夫其实憎恨的并不是学校，而是法语考试。通过和爸爸的交谈，戴夫也发现了自己害怕考试失败的原因，是最近上课没有专心听讲。在爸爸积极倾听的帮助下，戴夫找到了问题的症结，也找到了解决问题的方法。而在例2中，戴夫的爸爸没有积极倾听戴夫，并用“你怎么会恨它”这句话完全忽略了戴夫的感受。受到打击的戴夫为了证明自己的感受，更进一步表达自己强烈的情感，这样他就不可能去探求自己讨厌学校的原因了。对于爸爸来说，他既失去了帮助戴夫了解自己情绪的真正原因，也错过了让戴夫找到解决问题的方法的机会。

在生活中，父母和孩子如此说话的例子并不少见，孩子因为父母的否定而从此对父母关闭了心门，拒绝与父母分享自己真实的内心世界。

◎如果对孩子的情绪不能立刻解码，父母也可以猜测一下

孩子有时在同一时间内有许多不同的感受，但他们却不知如何表达。比如，养的宠物死了，孩子可能感到既害怕又难过，他们也有可能从宠物之死联想到亲人的死亡。因此父母不能简单总结出孩子的感受，但这并不妨碍父母对孩子的情感进行猜测。父母通过和孩子讨论不同的情感，让孩子认清自己的内心感受，还可以帮助孩子找出处理这些感受的方法。

瑞琪儿在家大哭大叫，妈妈不知道瑞琪儿哭叫的原因是累了、生气、害怕还是悲伤。妈妈首先轻轻抱着瑞琪儿，让她明白妈妈非常关心她。接着，妈妈对瑞琪儿说：“我知道有什么事情困扰着你，是不是你要玩的玩具找不到了？” 瑞琪儿可能回答“是”，也可能回答“不是”。如果回答“不是”，妈妈可以根据当天发生的事情，进一步观察瑞琪儿的肢体语言继续问：“看得出你很伤心，是不是因为爸爸出差了，想爸爸了？”“你也许真是生气了，是不是因为错过最喜欢的动画片的时间了？”通过诸如此类的问话来寻求突破点，找到孩子大声哭叫的原因及应对的方法。

不管怎样，关键还在于父母要有耐心，不必试图尽快替孩子解决这些完全归属于他自己的问题，更不能因为孩子说不出原因而动手打孩子，而要寻找孩子话语中的蛛丝马迹。相信孩子在父母的耐心倾听之下，会成功梳理自己的情绪，并找到有效的答案。

积极倾听，此时无声胜有声

很多时候，即使父母没有用语言表达自己在积极倾听孩子，但只要让孩子知道父母关爱孩子，注重他们的感受就行。在孩子生气或失败时，父母可以坐在孩子身边，抱住孩子就能让孩子感受到父母的尊重和关注。

父母沟通训练系统的创始人、美国心理学家汤玛士·戈登博士在畅销书《父母效能训练手册》中写道："什么也不说也可以明确地传达接受感。沉默——'被动倾听'是一种有效的非语言信息，可以有效地用来传达接受感。"因此在倾听孩子的过程中，父母不要贸然打断孩子的话语，更不要武断地发表自己的意见。如果父母听明白了孩子所说的话，就可以向孩子点点头，表示自己明白了，也可以不时地用"嗯，是这样""哦""嗯哼"等应答。

总之，父母无论如何应该牢记的是：熟练掌握积极倾听这门技巧需要经过长期的练习。一旦父母熟练掌握了这一技能，那么不仅亲子关系，而且家庭其他成员之间的关系都会有很大程度的改善。

第三章 有效管教

很多父母都纠结管教的分寸如何把握：太宽容了，毫无作用；太严厉了，会引起孩子强烈的叛逆，严重时甚至使孩子的人格发生扭曲。

父母管教孩子是为了教育和帮助孩子学习得体行为和社会规则，以便孩子能作出正确选择，并最后达到自我约束。这也是培养孩子自律和自主能力的过程。因此，父母在管教孩子时须正确把握好“说”和“管”的度，合理的管教能让孩子养成良好的习惯，受用一生。

01 家有家规，为孩子设定行为规则

俗话说："没有规矩，不成方圆。"给孩子设定家规，犹如给孩子提供一个坚固的安全框架。只有在安全的前提下，孩子才能自由、安全地探索和成长。

儿子去参加朋友金姆的生日派对。派对结束前，我去金姆家接他。金姆的妈妈告诉我，孩子们都在地下室的游戏室看电影，电影马上就要结束了，让我进她家的客厅坐一会儿。我来到客厅，却看到儿子他们的朋友蒂芙妮正坐在客厅中玩Wii游戏机。看到蒂芙妮，我想她一定也是来参加派对的，就问她："为什么不跟其他孩子一起看电影？"蒂芙妮告诉我："金姆他们看的电影是PG-13[①]，而我现在还没有到13岁。我父母规定，在征得他们的同意前，我不能看这些电影。我刚才打电话找父母，可惜他们不在家，所以我没有下去看电影。"

不久蒂芙妮的妈妈贝拉——小镇的一位医生，也来接蒂芙妮了。我向她表扬了蒂芙妮，并问她有什么样的魔法让蒂芙妮这么听父母的话。贝拉笑着告诉我："孩子的好习惯很大程度上得益于小时候我们制定的家规。"

① PG-13：美国电影的分级制度，指影片中有些内容可能不适合13岁以下儿童观看。

养育孩子如同建造房子。在建房子时，我们首先要打下坚固的根基，建成之后的房子才不会倒塌。所以给孩子设定家规，犹如打下坚实的根基，给孩子提供一个坚固的安全框架。只有在安全的前提下，孩子才能自由、安全地探索和成长。

心理学博士约翰·弗里尔和琳达·费里尔在他们的著作《好父母做的七件糟糕事》一书中提到孩子需要而且渴望规矩，但他们并不知道该如何直接向父母提出需求。在薄弱的家庭系统中，由于缺乏规矩，孩子没有正确的行为规范作指南，他们因此而出现一些不良行为。当不良行为成为习惯后，要改变就很不容易，因为孩子不愿意轻易把已经到手的权力放掉。这时，父母和孩子都会陷入极度的两难境地。

规矩对孩子的成长，不但起着约束作用，也会使孩子得到安全感，更会帮助他们取得成功。就如我们上班族都有各自的工作职责，所谓工作职责也就明确了我们的任务。只有充分了解自己的职责以后，我们才能端正工作态度，作出好成绩。希望孩子行为得体，首先就要让孩子明白哪些是父母能够接受的行为，因此，为孩子设定正确的界限是管教孩子最基本的内容之一。

立规矩时要听听孩子的声音

在给孩子立家规时，北美父母通常让孩子参加讨论。孩子可以明确向父母提出自己的建议和要求，这样才能做到信息透明，达成共识，再一起执行。在讨论立规矩的时候，父母一般都给孩子详细解释应该采用的正确方法，明确父母对孩子的要求和期待，并仔细说明这么做的理由，这样更有助于孩子遵守规矩。

朱迪和克里斯蒂娜有两个孩子：6岁的女儿维达和4岁的儿子艾伦。孩子们都很可爱，但他们常常在玩完玩具之后，随手乱放，不知道归拢和整理。朱迪和克里斯蒂娜对孩子们随地乱放玩具的习惯一直很烦恼。上个月，朱迪和克里斯蒂娜重新装修了自己的家。装修一新后，朱迪和克里斯蒂娜决定利用这个机会给孩子立下新的家规：每天上床之前，孩子们必须收拾好玩具，保持家庭的整洁。于是他们首先把孩子的玩具收拾好，然后把孩子们叫过来，告知这一规定。

朱迪："妈妈和爸爸每天都看到地上有你们随手乱扔的玩具，这样我们的家看起来很不整洁。我们希望你们每天玩完玩具之后，能把它们放回原来的地方。"

维达："怎么放回去？我们不知道。"

克里斯蒂娜："现在看看，妈妈和爸爸刚把你们的玩具收拾好了。所有的毛绒玩具都放进电视柜旁边的藤篮中，书放回书架，艾伦的玩具车放进蓝色的塑料收纳盒中，画画的工具都放进红色塑料盒中。"

艾伦："我的积木放哪里呢？"

朱迪："可以放在白色的小木盒中。"

克里斯蒂娜："大家都明白了吗？艾伦，你说说看，毛绒玩具放在哪里？"

克里斯蒂娜和孩子们一起复述了一遍玩具应该放回的地方。接着，她告诉孩子："妈妈相信你们一定都能做到。如果你们连续一周每天晚上都把玩具收拾好的话，希望得到什么样的奖励？"

维达答道："带我们去公园滑滑梯。"

艾伦听了，也兴奋地说："对，爸爸妈妈带我们一起去公园。"

朱迪夫妇笑着答应了孩子的要求。朱迪接着说："如果你们没有收拾玩具怎么办？"

维达说："我们会努力记得每天收拾玩具的，如果忘了，请你们提醒。好不好？”

克里斯蒂娜：“好的，我们可以提醒一次，但如果你们得到提醒之后再不做的话，怎么办呢？”

维达：“那第二天放学回家之后，我们不看电视。”

朱迪：“好，我们就这么约定。”

合理设置规矩才会有效

◎在设立家规时，父母首先要一致

明确哪些规矩对自己的家庭和孩子特别重要，自己想要达到什么目的，接着要弄清楚孩子有哪些坏习惯需要改进。上文的故事中，朱迪夫妇希望的是：孩子不再随地乱扔玩具，有一个整洁的家。那么在制定总体家规时，朱迪就以这个为目标，家规也围绕这个目标来设定。如果父母设定的条例和自己的总体家规不相匹配，那么父母应该考虑取消这条家规。如果父母之间由于对家规意见不合，又不能作出果断坚定的处置而争论不休，那么会给孩子带来很多困惑。因为孩子如果不明确家规的内容，就不可能严格遵守，只能随心所欲、自由发挥了。

有时，父母需要孩子改正某个特别的不良行为，为了让孩子集中精力改正，父母可以为此特地定下一个规矩，并把这个规矩作为这一段时间家中主要或唯一的规则。父母可以提出建议和方法，并督促孩子坚守规则。

◎给孩子立的规矩要简单易懂

如果孩子不明白所立的规矩内容，他就不知道父母对他的期望是什么。只有孩子明白了父母对他的要求，他才可以修正自己的行动，遵守规矩。反之，当他违反某项规矩时，他自己就会察觉到，而父母也不必作出某种禁令。

◎父母制定的家规必须合理

5岁的克雷尔讨厌做作业，每次做作业的时候，他总不能安静地坐下来。克雷尔拿着作业本，这儿看看，那儿摸摸，5分钟之后，一道题目也不能完成。妈妈因此非常烦恼，于是她和克雷尔约定：如果克雷尔每次不乖乖坐着做作业超过30分钟的话，妈妈就要处罚他。

故事中妈妈定的这条家规非常不合理。因为，5岁的孩子能够集中注意力的时间非常短，克雷尔做作业时坐立不安是正常的，妈妈强制要求克雷尔端坐30分钟以上，就是一个不合理的家规。如果妈妈因为克雷尔做不到而惩罚他，那就非常不公平。因此家规要根据孩子的个性和身心发展特点来制定。5岁的孩子注意力保持时间通常为10～15分钟。父母可以将作业分成几部分，完成每部分的时间为10～15分钟，这样才合理。

这种情况下，父母首先应理解孩子，因为贪玩是幼儿的天性。然后再帮孩子找出不能专心写作业的原因，这样才能对症下药。

在孩子学习规矩的同时，绝不可少的就是要格外注意孩子的正面行为。发现孩子按规矩做事，要及时鼓励和表扬。还可以让孩子为自己选出一个奖励方法。反之，也要让孩子明白任何事情都有其后果。只要大家一开始有共识，孩子也就没有机会抱怨了。

◎父母设家规时要考虑孩子的年龄

首次给2岁的孩子设家规时，如果父母一下子设立很多条，那么他们可能会因为内容太多而混淆。这样就不能达到有效执行的效果。因此给2岁孩子设家规时，父母只设置2～3个基本的家规。比如，不能骂人和打人，不能随便扔食物。对于4岁或4岁以上的孩子，父母可以考虑设置更多的规矩。这些规矩可能与孩子2岁时不同，但不管怎样，设家规时，一次不要超过6条。比如，先尝试给4岁孩子设定下面6条家规：

- 在经过宠物的主人同意之后，才可以抚摸宠物。
- 碰到人说“你好”，受人帮助说“谢谢”，请人做事说“请”。
- 用正常的语调提要求，而不是抱怨。
- 使用柔和的声音讲话和交流。
- 吃饭之前要洗手。
- 玩完玩具之后请放回原处。

经过一段时间以后，好的习惯形成了，父母就可以考虑提出适合孩子年龄的教育目标，并根据孩子不同的发展时期调整规矩。比如孩子已经明白不能在墙上乱画了，那么父母可以把这条规矩从家规单上取消。但如果孩子刚刚打破了一条家规，比如孩子很久没有在墙上乱画了，父母觉得应该可以取消那条家规了，可就在这时，孩子又在墙上乱画，那么父母就需要多等几天才能改变这条家规。

规矩由人制定，更要由人遵守，要求孩子做到的，父母首先要带头遵守。如果父母不能给孩子作出榜样，说话不算数，那么孩子会认为父母是“两面派”，根本不可能用正确的态度对待父母设定的规矩。好习惯的形成需要一定的时间，家长必须有耐心，不能操之过急，相信孩子慢慢地都能成为一个守规矩的孩子。

让家规成为孩子自由的保障

北美父母在给孩子制定家规时，通常考虑以下几个方面。

◎安全规则

不论父母是否意识到，孩子身处的环境总是有一定的潜在危险。因此，给孩子设定的家规首先是用来确保孩子安全的规定。安全规则包括孩子的人身安全、情感和心理安全两种规则。

1. 确保孩子人身安全的规则

家庭中的安全规则

- 湿手不能碰电源插座。
- 在炉子旁边不能放纸张和布类等容易着火的东西。
- 不能碰滚烫的开水。
- 不要爬到衣柜上。
- 递剪刀的时候不要把剪刀头对准人，切菜的时候要小心。
- 上下楼梯时不要拿着玻璃杯等易碎物品。

食品安全规则

- 碰过没有煮熟的肉类食品之后要好好洗手。
- 不要把没有煮熟的肉和煮熟的肉放在一个盘子中，以免食品交叉污染。
- 远离垃圾食品，包括路边摊食物、烧烤食物、高脂肪食物、高添加剂类食品。

游泳池里的玩水规则

- 避免在没有成年人陪伴的情况下，独自去附近的河边、湖边、水渠边玩。
- 没有成年人的许可，严禁进入游泳池游泳。
- 在泳池周围不要打闹、奔跑。
- 不要单独一人游泳。
- 如果游泳时感到累了，一定要休息。
- 看到闪电，马上停止游泳。

操场规则

- 玩秋千时要坐在秋千上，等秋千慢下来之后，才能下秋千。如果有人在荡秋千，不要走得太近。
- 不要从滑梯上爬上去，因为有人可能正从滑梯上滑下来。

外出规则

- 让孩子一定告诉父母他们打算去的地方。社会复杂，孩子还没有良好的判断力。如果孩子要知道原因，就如实告诉孩子，我需要知道你的去处，否则我会很担心。
- 过马路时要走斑马线。
- 看见红灯停下来。

2. 情感和心理安全规则

要让孩子明确感受到父母对他们无偿的爱、支持、信任、关怀和尊重。这种情感和心理上的安全感可以增强孩子的自信心，并能让孩子诚实待人。如果在生活中孩子经常受到父母的批评和责骂，孩子可能有逆反心理，也就不愿和父母合作。在家庭中，大家必须遵循的准则首先是诚实，这样才会互相信任。而良好的信任也能促进和谐的亲子关系，并能确保孩子的心灵不受伤害。

- 每个家庭成员都是独立的个体，家庭成员之间应该互相尊重，“闭嘴”“蠢猪”等这些侮辱人格的词汇禁止在家庭成员之间使用。每个家庭成员都应在家庭中自由平等地分享自己的感受。

- 家庭成员之间可以时不时开些健康、幽默的玩笑，活跃家庭气氛。但在家庭中应禁止使用不友善的绰号，也不能戏弄和嘲笑家庭成员，特别是生理缺陷、显而易见的错误等伤害感情的地方。

- 学会尊重他人的空间和物品，进入其他人的卧室之前要敲门。孩子要有控制自己东西的意识和尊重他人对于物品的所有权的意识。自己的朋友过来玩时，如果他们想要玩的东西是兄弟姐妹的，那么不能自作主张地把他人的东西和自己的朋友分享。

在孩子的成长过程中，只有孩子在家庭中得到尊重并感受到安全，才能把自己的时间和精力投入到自由探索、学习知识的海洋中。

◎道德规则

给孩子设立正确的道德规则，是向孩子灌输正确的价值观和道德观的机会，让孩子在生活中明白做人的道理，这些规则体现了父母的生活准则。比如：

- 用希望别人对待自己的态度来对待别人。
- 诚实守信，真诚待人。
- 勤奋、负责、自律。
- 善良大方，对人富有同情心。
- 尊重自己和他人的权利。
- 尊重父母和其他长辈。

◎日常规则

为了确保满足孩子所有正当的需求，孩子需要有规律的生活。给孩子制作每日日程表，可以帮助孩子养成良好的生活习惯。有了日程表，孩子明确自己每日应做之事，父母不用事事提醒，这样可以减少父母和孩子之间的权力斗争，对培养孩子的责任心和自律性也会起到非常重要的作用。比如，早晨起床之后和睡觉之前要刷牙，放学回家之后把饭盒从书包中拿出来，回家做完作业之后才能玩等。无须担心的是，孩子有了日程表，并不会导致生活变得非常刻板。

- 按时上床睡觉：美国一项长达17年的儿童睡眠与超重之间关系的研究显

示：孩子额外多睡一小时能将超重的概率减低9%。也就是说，如果孩子睡得非常少，肥胖的概率高达92%。所以，为了让孩子每日有充足的睡眠，父母一定要让孩子遵守上床睡觉的时间。父母可以让孩子明白睡眠对于成长的重要性。

- 家务事日程表：在家庭生活中，每个家庭成员都应担当一定的责任。让孩子帮父母做家务就是其中之一。即使是年幼的孩子也可以做家务，如帮父母把玩具收拾起来，把垃圾放进垃圾桶；学龄前的孩子饭前可以帮父母摆碗筷，饭后帮父母把脏碗放进水池，把剩菜放进冰箱等。

◎社交礼仪规则

在成长过程中，孩子一定要学会如何与人相处，而这种能力与日后能否成功和生活质量的高低有着极为重大的关系。所以父母应从小给孩子制定社交规则，培养孩子礼貌待人的习惯，以及和别人友好相处的能力。从家庭氛围来说，文明的家庭环境让孩子畅所欲言，诚实相待，可减少亲子之间的摩擦。在家庭中，父母可以给孩子设定如下规则：

- 和朋友一起玩的时候，要和朋友分享自己的玩具。
- 学会用亲切、和气、文雅、谦逊的语气和人说话。
- 见到熟人要打招呼。
- 热情地招呼客人。
- 礼貌待人，不欺负别人。
- 和人交谈时，有积极的态度，使用鼓励、正面的语言。

在家庭中，孩子可能比较容易接受父母所定的规则。可是父母也要让孩子明白，他们一旦离开了自己的家庭进入外面的世界，就必须遵守其他人制定的规则。比如上幼儿园，孩子就得按照幼儿园的规则做事；去爷爷奶奶家，也要按照爷爷奶奶家的规则做事。经常有父母谈到孩子的爷爷奶奶、外公外婆非常溺爱孩子，所以孩子去爷爷奶奶家后就打破了父母的规则。使用这个方法可以让孩子明白父母的规则和爷爷奶奶、外公外婆家不同。孩子在爷爷奶奶、外公外婆家，可以按照爷爷奶奶、外公外婆的规则，但一回到自己家，他们就得按照父母的规则行事。这样可以有效处理孩子由于不同的规则而带来的混乱，在一定程度上帮助孩子遵守父母给他们立下的规则。更要让孩子明白家有家规、国有国法，自觉遵守各种法规。反之，会有严重的后果。

◎为孩子进入社会做好准备的规则

作为父母，我们都爱自己的孩子。因此，我们就应该为孩子走向社会做好准备。不管父母是否愿意，孩子终究会离开父母给予的家庭庇护所，独立走向社会，以其自身的力量迎接种种挑战，开拓自己的未来。如果父母事事帮助孩子，满足他们的需要，那么孩子就会养成依赖的习惯，更无从掌握进入社会的生存技巧。当孩子踏入社会，面对种种困难和压力时，他们会变得很恐慌，不知所措。为了让长大成人的孩子成功踏入社会，父母首先要从小激励孩子，培养他们的自尊心，还要培养孩子自给自足的意识，并教育孩子掌握生活技能。这样，当孩子走出家庭、独自生活时，他们就有能力照顾自己，妥善解决生活中的问题。

从小让孩子参与家务劳动，通过做家务，培养孩子的生活自理能力。此外，父母可以根据孩子的年龄，给孩子开设银行账户，告诉孩子如何储蓄，如何合理消费。

父母给孩子设立家规，并不是用于控制孩子的行动，而是通过家规给孩子提供一个安全的框架，让孩子在这个框架之下，可以自由行使自己的权利。父母通过家规，也能有效地减少父母和孩子之间的摩擦，为良好的亲子关系提供保障。

02 明确后果，管教孩子有章可循

让孩子为自己的行动承担“后果”，也就是说让孩子通过切身体验，自行摸索出可被接受的行为模式，从而改变自己背离社会生活的任性行为。父母在设定后果教育时，应该考虑设定“正面”的和“负面”的后果。

去年暑假，系里的秘书安博搬了新家后邀请我们几位同事一起去参观。安博有两个孩子：8岁的辛迪和4岁的保罗。在安博家游戏室的桌子上，我看到两个分别标有“奖励罐”和“后果罐”的玻璃瓶，每个瓶中都放了一些小纸条。我问安博这两个瓶子是用来做什么的。安博说：“这两个瓶子具有不同的功能。如果孩子们成功完成我们分配的任务，或者表现突出，他们可以得到一些奖励。‘奖励罐’中的纸条上写有各种奖励。反之，对于孩子们的不良行为，那么他们也会得到相应的‘后果’。‘后果罐’中的小纸条上写有各种惩罚的项目。”

安博告诉我：“我们通过使用‘奖励罐’和‘后果罐’的方法，教给孩子，在生活中他们有权为自己做选择。这个选择可以是正确的，也可以是错误的。这都由他们自己做主。当作出正确的选择时有可能获得奖励，而做出错误的选择时，他们也得承受选择的‘后果’，我们不想使用‘处罚’或者‘管教’这样的词。”

安博家的做法是让孩子体验自己选择所产生的后果，就是我们常说的“后果教育”。让孩子为自己的行动承担“后果”，也就是说让孩子通过切身体验，自行摸索出可被接受的行为模式，从而改变自己背离社会生活的任性行为。正如事物都有正反两个方面，一个人的行为也常常产生两种后果。如果孩子因为作了正确的选择，得到成功的、令人愉悦的结果，并由此得到了奖励，那么孩子自然会继续有同样的行为。反之，如果孩子作出错误的选择，有失败的或使人不快的结果，孩子自然会改变其行为。因此，使用后果教育的目的是，在生活中通过训练，帮助孩子理解自己的行为和后果之间的必然联系。也就是说让孩子明白服从规则就有可能得到奖励，而违反规则就会有随之而来的不便和痛苦。

因此父母在设定后果教育时，应该考虑设定“正面”的和“负面”的后果。当然最重要的是：父母应该让孩子明白就算是作出了错误的选择，仍然有改正错误的机会和权利。

“正面”的后果教育——奖励

当孩子成功完成了自己的任务，解答了一个难题，或者经过巨大的努力实现了自己的目标，那么父母给予孩子正面奖励是鼓励孩子的绝佳方法。得到奖励的孩子从奖励中看到自己取得的成绩，明白“我表现好的话，会得到赞赏和奖励”。而这种奖励又会给孩子带来巨大的荣誉感，让孩子对得到奖励的行为、习惯等产生兴趣，增加自信，最终产生实现超越自我的欲望。

华盛顿大学的名誉教授、著有育儿书《艰难的岁月》的临床心理学家卡罗琳·韦伯斯特·斯特拉顿博士曾指出：有时在正确的规划之下，通过父母的坚持，奖励可以成为激励孩子有良好行为和发展的催化剂。

正确奖励孩子四要素

在北美，父母在给孩子设定奖励项目时，常考虑以下因素：

◎确定奖励哪些目标行为

父母首先需要锁定想要奖励孩子的哪些目标行为。例如，只说一遍，孩子就听从自己的指令；孩子善待自己的兄弟姐妹；晚上独自睡觉，不能半夜吵醒父母或爬到父母的床上来。父母设定的目标行为应是简单易懂的，从1～2个目标行为开始。

约翰逊：消除抱怨习惯

约翰逊常常向父母抱怨，如抱怨父母做的饭菜不合口味，自己的玩具没有其他小朋友的好，父母从不带自己出去玩，父母不同意自己每天玩游戏等。约翰逊的父母为了让他停止抱怨，就和他约定，如果约翰逊4天不抱怨，他可以在家大声开着自己喜欢的音乐；如果5天不抱怨，他可以和爸爸一起骑自行车出去玩；如果6天不抱怨，他可以让妈妈做他最喜欢吃的饭菜；如果一周没有抱怨，约翰逊可以邀请朋友来家过夜。

一旦孩子在某些方面养成了好习惯，父母就应该重新为孩子确定新的目标行为。在设立新的奖励制度时，父母通常使用积极的语言介绍给孩子，并采用新的奖项。如果孩子对奖品非常感兴趣，那么他们就会更加积极地努力改变自己的行为。

◎明确激励孩子的动力

父母在给孩子设定奖项时可根据孩子的个性和需要，并在和孩子商讨的基础上决定。父母对孩子说出发自内心的表扬：“你每天自己整理好书包，真棒！”“把自己心爱的玩具送给那些不幸的孩子，真大方，妈妈为你感到骄傲！”这样的话语是给予孩子最佳奖励之一。父母还可以使用肢体语言传达对孩子的赞扬和奖励。比如拥抱、亲吻孩子。对于年幼的孩子来说，父母还可以把与孩子一起共度特别时光作为奖励的项目。

◎确保设定和孩子年龄相符的奖励计划

随着孩子的成长，他们对奖品的需求也不同。父母在给孩子设计奖励项目和奖品时，应考虑孩子的年龄特征，这样才能达到有效奖励的目的。

2~5岁

贴纸、1元店的小玩具、父母的拥抱和亲吻以及大量和父母共度的时间，都可以用来作为奖励幼儿的奖品。父母让孩子选择自己喜欢的贴纸，并鼓励孩子自己制作，或在父母的帮助下制成奖励表。让孩子参与制作和装饰奖励表更能提高孩子的积极性。把奖励表格张贴在家中醒目的地方，幼儿往往对自己取得的成绩非常自豪，常常迫不及待地希望告诉大家自己已经取得的成绩。这个年龄段的孩子还没有学会等待，所以父母对孩子的良好行为应给予及时奖励。

6~8岁

对于学龄儿童来说，贴纸已经失去了魔力。但是，他们会很愿意用赢得的贴纸来交换其他物品或活动。比如，8岁的美琪和父母约定，如果她赢得了5个贴纸，周末晚上就可以到10点再睡觉。这个年龄段的孩子有了一点儿耐心，他们也愿意等待一会儿，当然他们能够等待的时间还不是很长，所以父母要保证让孩子定期（比如每周2次或每周1次）得到奖励。

利嘉：奖励表

妈妈首先和利嘉讨论约定：如果利嘉喂宠物，她就可以把奖励表中的一个心形图案涂上自己喜欢的颜色或贴上贴纸。每涂3个心形或贴上3张贴纸，利嘉就可以得到一次奖励。每次奖励项目不同，这样可以避免利嘉由于每次得到相同的奖励而对奖品失去兴趣。

奖项：如果3个心形涂满了颜色，妈妈和利嘉一起玩美发游戏。

奖项：如果利嘉又喂3次宠物，爸爸和利嘉一起练习投篮15分钟。

奖项：利嘉连续10天给宠物喂食，就可以挑选自己喜欢的电影和父母一起看，还可以用爆米花机来做爆米花吃。

8岁以上的孩子

8岁以上的孩子可以使用更为复杂的奖励系统。比如“代币制”。父母和孩子约定：如果孩子在赢得一定数量的“代币”之后，可以换成孩子希望得到的特权或者奖品。比如，孩子每天阅读15分钟的英语书，可以赢得1个“代币”。而孩子每赢得5个“代币”就可以在周末上网玩一个电子游戏等。

拜伦：练琴奖励计划

如果每天（周一至周六）拜伦练琴20分钟，那么周末两天（周六、周日）每天可以上网玩45分钟的游戏。

◎给予孩子意外的奖励

意外奖励，就是父母没有预先告诉孩子，随意、自发地给予孩子的奖励。在生活中，父母可以随时注意孩子渐渐形成的好习惯或者偶尔出现的良好行为，并对此进行奖励。比如，妈妈一回家，看到孩子把自己洗得干干净净的饭盒放在厨房的柜子里，妈妈可以给予孩子一点儿小奖励：晚餐后让孩子挑选自己喜欢的电影和父母一起看，给孩子一个意外的惊喜。再比如，孩子的朋友请孩子出去玩，但孩子主动谢绝朋友，并告诉朋友，他需要先完成作业之后才可以出去玩。父母可以及时指出孩子的良好行为，并给予孩子奖励：他可以比平时和朋友多玩15分钟。这么做，可以鼓励孩子在同样的情况下，采取相同的方法，进一步强化这种良好行为。斯坦福大学的心理学教授马克·赖普表示："一旦孩子习惯得到奖赏，反而容易利用奖赏来对付父母。"因此，父母可以减少对孩子进行物质奖励，而用这样即兴提议的家庭电影，有时候会比事先约定的昂贵奖品更让孩子欢欣鼓舞。

◎设定奖励项目的注意事项

父母在为孩子设定奖励项目时，要注意技巧，这样才能收到良好的效果。

1.每个孩子的个性和兴趣不同，父母应从孩子的实际情况出发，根据孩子的特点，和孩子商量之后作出决定，让孩子自行选择。

2.父母给予孩子的正面奖励越多，就越有可能获得孩子的积极合作。

3.年幼的孩子缺乏专注力，他们没有耐心来等待，所以需要及时奖励。而相对来说，年龄较大的孩子则可以为长远的目标而努力奋斗。如果妈妈打电话时，幼儿能静静地在旁边等待，妈妈应该马上对孩子的行为给予肯定的反馈。

4.奖励孩子时，父母要谨慎地选择奖品。有的父母认为给孩子的物质奖励越多，孩子就越有动力。其实太多的物质奖励，或者奖励的频度太高，奖励的刺激作用就会逐步下降。这也是心理学上常说的"阿伦森效应"。此外，密苏里州大学玛莎·里奇斯博士和芝加哥伊利诺伊大学兰·阮·卓别林博士的研究显示：收到物质奖励偏多的孩子，在长大成年后可能会继续以物质来定义自己。因此，在使用物质奖励时，如果希望更好地发挥作用，切忌滥用。

5.避免频繁奖励孩子。给予孩子的奖励应该有所选择。父母切记，要奖励孩子真心喜欢的事情，从而让内在动力激起做事的兴趣和热情。

6.避免用垃圾食品奖励孩子。使用垃圾食品奖励孩子会导致孩子依赖垃圾食品，从而养成不健康的饮食习惯。

“负面”的后果教育——惩罚

“负面”的后果教育常有两种方法：“自然后果”和“逻辑后果”。“自然后果”是指孩子的行为在没有父母干预的情况下自然得到的结果，让孩子通过自己所犯的错误，接受教训。以下是一些“自然后果”的例子：

孩子的行为	自然后果
熬夜，上学迟到	第二天上课打瞌睡，放学后被老师留下了
画画后，一些油画棒掉到地上，不愿捡起来放回盒子里	画画时想用的颜色没有了
拒绝吃晚餐	挨饿
和伙伴一起欺负同学	得到同伴的肯定，但被老师发现、受到老师批评
不愿把玩具拿进屋，雨淋湿了玩具	玩具生锈了或被盗了
冬天不愿戴手套	手被冻疼了

“逻辑后果”是指父母设定一个规则，并向孩子说明违反这个规则的后果。孩子可以自主选择是遵守还是违反。如果孩子违反规则，父母就按照规则执行“后果”。以下是一些“逻辑后果”的例子。

孩子的行为	逻辑后果
打破了东西	就得用自己的零用钱赔偿
每天的宵禁时间为10点。如果到时不回家	这一周，除了上学，参加课外活动之外，禁止外出
借了妈妈的鞋子不放回原处	下次妈妈就不借了
违反了使用电脑的规则	在接下来的2天内禁止使用电脑
如果不在约定的时间内做完家务事	就得用玩电子游戏、看电视的时间做家务
忘了归还借的书	被图书馆罚款，或者借书卡被停掉一周

对于后果教育，特别是“逻辑后果”，北美的许多家庭教育专家有着不同的见解。有的赞成，有的反对。比如美国著名的家庭教育家、心理学家、美国“正面管教协会”的创始人简·尼尔森在《正面管教》一书中就告诫父母，应该慎用“逻辑后果”，因为惩罚孩子可能会引起孩子的逆反心理，从而产生负面的影响。

也有专家认为，在孩子犯错时，父母如果能够用温和的态度并给予适当的“后果”，那么对改进孩子的行为来说有意想不到的帮助。但如何设定有效的“逻辑后果”是一种高难度的教育方法，需要一些技巧。

设定负面后果的技巧

◎计时隔离

通过计时隔离，父母和孩子都能得到一点儿时间，平息自己的情绪，这样就能够成功避免父母和孩子之间的权力之争。

◎失去使用某种物品的特权

通过让孩子失去使用自己喜欢的一些物品的特权，比如，玩玩具、看电视等，让孩子体验到失落的感受，并对自己的不良行为进行反思。同时也教育孩子，以积极的行动赢回使用物品的特权。

除了去学校或参加课外活动，禁止孩子出门1～3天，让孩子失去社交的权利。

如果是幼儿，禁止外出的时间可设为1～2个小时。如果孩子犯了严重的错误，有的父母禁止孩子享受全部或部分的家庭娱乐权，如看电视或玩手机。

◎补偿：让孩子为自己的错误行为补偿

- 金钱赔偿：如果孩子丢失或弄坏了别人的物品，就该赔偿。
- 道歉：当自己的错误行为给别人造成伤害时，应该向别人道歉。

让负面后果更有效的几大因素

◎相关性

维娜去朋友家玩，妈妈告诉她最晚10点必须回家，但维娜违反了妈妈的规定，直到11点才回家。妈妈告诉维娜：她下周末去朋友家玩时最晚只能到9点。如果维娜可改正错误，准时回家，那么下次维娜去朋友家时，妈妈可以让她按照平时规定的时间回家。

父母给予的后果应该和孩子的不良行为尽可能有密切相关的联系。这么做可以培养孩子良好的行为习惯，并为孩子有更好的行为设定了可达到的目标。让孩子学会在生活中如何作出正确的选择。

◎短暂性

给予孩子的后果应避免是一个“永无止境的后果”。父母设置的后果应该有明确的开始和结束时间，这样能让孩子明白纠正不良行为并不难。如果父母给予的后果过于严厉，那么孩子就会觉得无望，还不如干脆放弃。

◎可及性

父母给予的后果不能超过孩子的能力范围。比如，孩子在车库踢球，把墙踢出了一个洞，父母给孩子的后果是让孩子修复他损坏的墙面。像这样的后果，孩子根本不可能做到，因为他并不知道怎么修补墙。这样的后果只能起到相反的作用，孩子可能会因为沮丧而自暴自弃，根本达不到教育孩子改正不良行为的效果。

◎有效性

父母给予孩子的负面后果应该给孩子带来不便，或让孩子感到不舒服，这样的后果才有效。比如，孩子非常喜欢玩沙子，但如果孩子和父母顶嘴，父母给孩子的负面后果是让孩子站到沙坑去，那么这样的后果将是毫无意义的。父母应该从这些方面考虑：

- 孩子的价值观是什么。
- 他有多少零用钱。
- 他平时最喜欢做的事是什么。

如果孩子平时喜欢玩手机，那么禁止孩子玩手机是一个非常有效的后果。父母只有了解孩子最在意的某一物品或某一特权是什么，如果他在暂时失去之后会觉得不舒服，这样的后果才是有效的后果，才能帮助孩子改正自己的行为。

◎合理性

父母设定的负面后果应适量，和孩子不良行为的情况相当，避免过分严厉或过分宽大。许多时候，父母为孩子的不良行为而生气，在情绪过激的情况下，给孩子设定了不合理的惩罚，最后父母和孩子都不愿坚持到底，变成不了了之。比如，两个孩子在家中争论不休，父母给予孩了的“后果”是一个星期都不能看电视，这样的后果就太严重了。父母可以禁止他们当天看电视，这样才比较合理。再比如，孩子生气，大吵大闹，在墙上踢了一个大洞，而父母给予的后果只是禁止孩子那天玩电子游戏，这样的后果就太轻了。

◎避免层层加码

有时父母给孩子设定的后果不起作用，父母因此可能错误地认为：孩子之所以仍有不良行为，是因为设定的后果太轻，没有严厉到使孩子从中吸取教训的程度，所以父母加重后果，更严厉地惩罚孩子。这样导致后果教育陷入恶性循环之中。在这种情况下，父母需要改变策略。

布莱恩不愿收拾自己的房间，爸爸提醒了布莱恩几次，布莱恩还是不肯。爸爸给予布莱恩的后果是周末禁止看电视。周末，布莱恩虽然不能看电视，但还是拒绝收拾自己的房间。爸爸更生气了，决定禁止布莱恩下周看电视。可是布莱恩还是不愿妥协，于是爸爸又规定布莱恩一个月不能玩电子游戏。如此反复，父母和孩子陷入了权力之争，谁也不肯妥协。

正确的做法应该是，当看到布莱恩周末被禁止看电视后仍然拒绝收拾房间时，爸爸就应该和布莱恩进行长谈，告诉布莱恩自己的心情和要求，也可以让布莱恩提出双方都能接受的解决方案。比如，爸爸帮布莱恩收拾房间，布莱恩帮爸爸割草。如果布莱恩做到了，他可以重新得到自己的权利。

温馨提示

1.后果教育对3岁以上的孩子才起作用，因为3岁以下的孩子还不能真正理解行动和结果之间的关系。对于他们来说，消极的后果显得非常不公平。

2.让孩子明确父母对他们的要求。在对孩子进行后果教育之前，父母首先和孩子清楚明了地设定家规，让孩子明确父母对自己的要求，并在和孩子商榷达成共识的基础上设定后果。只有这样，才能避免孩子产生不满和怨恨情绪，心悦诚服地接受后果。

3.避免妥协。父母一旦设定了后果，就要坚决执行。

4.尊重孩子，保留孩子的尊严。在进行后果教育时，父母应给孩子留有面子，可以考虑在家中，或者私下里执行。

5.准备多种类型的后果选项。如果孩子每次犯错，父母都禁止孩子外出，那么这种后果就会渐渐失效。准备多种后果轮流使用，这样后果教育才会更有效。

6.在运用后果教育时，首先要保证孩子安全和生存的基本需求。父母不能剥夺孩子进食、穿衣或者和人交流等最基本的人权。

03 “我的行为我负责”——不要剥夺孩子履行责任的权利

父母若要孩子为自己的行为负责，就不能剥夺孩子履行责任的机会。让孩子处理自己的事情并为自己的决定承担后果，从而达到培养孩子责任心的目的。只有这样，孩子才能获得独立思考、解决问题的能力。

杰克是儿子棒球队的朋友，妈妈杰奎琳是小学老师，爸爸是加拿大皇家骑警。一次，我和儿子受邀去杰克家。一进入杰克家的客厅，我就看到杰克7岁的妹妹凯利坐在地毯上，用一条白色的毛巾使劲地擦着地毯。凯利看到我们说：“妈妈告诉我很多次，不能在地毯上涂指甲油，因为指甲油洒到地毯上的话很难擦干净。可惜我总是会忘，这次不小心把指甲油的瓶子打翻了，指甲油洒在地毯上了。我已经擦了半个多小时，现在快把指甲油污渍都擦干净了。”我一看果然地毯上有淡淡的指甲油痕迹。我告诉凯利，她干得很棒。凯利听后也为自己感到很自豪。

杰奎琳告诉我：“在生活中，每个人都会因为不小心而发生意外事件，但这没有关系。重要的是，要教会孩子如何处理。这些事件也是教育孩子为自己的行为负责的绝好机会。这次凯利擦了很久才把指甲油擦干净，我想她一定会记住这个教训，再也不会在地毯上涂指甲油了。”杰奎琳的话令我感慨，许多孩子，甚至成年人，不管出于何种原因都不愿对自己的行为负责。一旦犯错，他们不仅拒绝承认“我搞砸了”，反而想方设法掩盖自己的错误，甚至不惜使用指责、嫁祸他人的方法为自己开脱。

我们明明知道后果是什么却撒手不管，而任由孩子因为些微的过失“自食其果”，遭受不愉快的感受，这对于父母而言实在不是一件容易的事。因为，我们都爱孩子，都希望他们在学校、在人前呈现最好、最完美的一面。但如果父母一味地偏袒孩子，事事帮他们，那么他们永远不会明白自己的所作所为会给自己或别人带来怎样的后果。只有在对自己行为负责的基础上，他们才能更快地学会作出正确的选择，找到对自己、对父母、对家庭乃至社会负责的方法。发表于《科学美国人》的一篇名为《犯错：令人惊讶的学习技巧》的文章给大家介绍了一系列有关学习和发展的理论。传统的学习方法是：孩子通过大量的练习，达到防止犯错的目的。比如，老师每天让孩子抄写新单词，或者一遍一遍地解数学题，通过这些练习让孩子掌握新单词的写法或者数学计算方法。但最新的研究显示：无论是孩子的学习、交友，还是体育运动，犯错更能丰富他们的学习体验。犯错是孩子学会如何用不同方法行事所必须经过的挑战。通过犯错他们学会尝试新方法。因此，在家庭教育中，父母要让孩子明白他们的行动会给自己和别人带来怎样的后果，只有这样，孩子才能学会如何为自己的行为负责。

在对待不同年龄的孩子的错误时，父母可采用不同的方法。英国莱顿大学心理学家伊芙琳·科隆博士的一项研究显示：8岁孩子对付错误的方法和12岁以上孩子的方法不同。8岁孩子主要通过“积极反馈”来学会新技能。比如，父母的一句：“看到丽莎有新的玩具，但你没有攀比，没有让妈妈给你买一个，真懂事！”“你这样温柔对待小动物的方法很对。”可以让孩子明确自己所应采取的正确方法。而“负面反馈”对他们的影响比较小，比如，“你这次又听错了。”“告诉你很多次不要忘了自己的饭盒。”反过来，12岁以上的孩子能够更好地处理负面反馈，把错误作参考，并从中吸取教训。

通常，北美父母在生活中从以下几个方面来培养孩子为自己的行为负责。

把孩子的行动和后果联系起来

山姆吃完香蕉随手把香蕉皮扔到了游戏室的地上。妈妈看到地上的香蕉皮，让山姆把香蕉皮捡起来扔掉，并告诫山姆，如果不小心踩到地上的香蕉皮，可能会滑倒。可山姆正忙着折飞机，不愿停下来，就对妈妈说：“等我折好了飞机之后就去扔。”不久，山姆的纸飞机折好了，但他完全忘记了地上的香蕉皮。他兴奋地把纸飞机掷向空中，并随着空中飞舞的纸飞机在游戏室跑了起来，跑着跑着，一脚踩在香蕉皮上滑倒在地，腿上还擦破了皮，山姆疼得哭了起来。听到山姆的哭声，妈妈走过来，抱了抱他，说：“你摔倒了，妈妈很心疼。我知道你摔得一定很疼，可你知道为什么会摔倒吗？”山姆点点头：“我踩到香蕉皮上了。”“对，”妈妈问道：“如果你吃完香蕉后马上扔掉香蕉皮，会不会因为踩到香蕉皮而滑倒呢？” 山姆看着妈妈说：“不会。”妈妈说道：“以后吃完了香蕉，记住一定要随手把香蕉皮扔到垃圾桶去哦。”山姆看着妈妈，点点头：“知道了。”

山姆踩在香蕉皮上摔倒了，妈妈没有一味地指责山姆：“我早让你把香蕉皮扔进垃圾桶，你不听我的话，你摔倒是活该。”而是向山姆指出摔倒和没有扔香蕉皮之间的因果关系。让山姆明白：随手乱扔香蕉皮的结果是自己摔倒，并擦破了皮。想必这次经历会让山姆记住不能随手扔香蕉皮这一教训。和成年人不同，很多时候，孩子不明白自己的行动会对自己或别人产生怎么样的后果。因此，在生活中，父母要经常向孩子指出他们的行动所产生的结果：

- 你穿着运动鞋跳进水坑，所以你的鞋子都湿了。
- 你没有每天完成老师布置的作业，因此考试成绩很糟糕。
- 你打了汤姆，所以他不愿和你玩了。
- 因为你花时间背单词了，所以这次英语默写得了满分。
- 你帮卡瑟琳割草了，她特意烤了蛋糕送给你。

父母还可以让孩子设想出一个行动会产生的后果。比如，如果妈妈上班忘了带钱包，会出现什么样的情况。孩子可以说：

- 妈妈没钱买午饭吃。
- 她不能买我喜欢的食物。
- 钱包中有驾照，没有驾照，她不能开车。

父母通过在生活中不停地向孩子指出他们的行动可能带来的结果，让孩子慢慢积累经验，明白自己的每个行为都会产生不同的结果，并因此学会为自己的行为负责。对孩子来说，他们只有拥有对自己所作所为负责的经历，才能真正掌握为自己负责的技能。他们积累前因后果的经验越多，就越容易学会用审慎的态度采取行动。

明确告诉孩子为自己的行为负责

早上睡过了头而迟到，孩子理直气壮地责怪父母为什么不早点儿叫醒他。到了学校，忘记带自己的作业本，孩子就抱怨：“都怪妈妈，收拾书包时没有仔细检查一下，使得我忘了带作业本。”而接到孩子电话后匆匆赶到学校的父母也会内疚地向老师道歉：“对不起，我忘了把孩子的作业本放进书包了。”

其实，每天检查学习用品、整理和收拾书包应该是孩子自己可以独立完成的事。忘记带作业本，显然是父母没有让孩子养成自己收拾书包的习惯所造成的。美国心理学家、具有25年亲子教练经验的凯特·罗伯茨博士曾经说过：“孩子不明白，每个人都会犯错，他们把过错推到别人身上，只是为了避免受到消极后果而采用的方法。”因此，父母要让孩子从小就明白：自己的事情自己完成，自己的过失也由自己来承担。

别让孩子把过失推到别人身上

在生活中，成年人有时也会使用各种理由来逃避为自己的行为负责。许多成年人面对诸如违反交通规则等行为，不仅不承认自己的错误，还强词夺理地为自己的错误行为寻找理由来推卸责任。成年人都愿意采用这样的行为，更何况孩子。很多时候，孩子也愿意把过错推到他人身上，以此来避免自己受到批评或惩罚。两个孩子吵架，如果问其原因，孩子常常以“是他先开始的”作为自己和人争吵的理由。针对孩子这种说法，父母切忌把自己变成法官，对孩子之间的争执进行评判，而要让孩子明白，不管其他孩子做什么，他仍然需要为自己的行为负责。当孩子冷静下来之后，父母应使用启发式问题帮孩子评估当时的情况，并找到解决问题的方法。

让孩子自己收拾残局

孩子在成长过程中，时不时会作出错误的决定或选择。一些错误，比如期末考试没有好好复习，下雨天不愿撑伞，往往会让他们尝到由此所带来的自然后果。而有些错误，比如偷窃、欺骗、欺负其他孩子等严重错误，可能有更深层、复杂的原因，要让孩子改正错误可能并不容易，但父母应切记的是孩子所犯的错误都应给孩子提供一次学习的机会。孩子犯了错误，父母应该怎么做？正如温斯顿·丘吉尔曾说：“每个人都会犯错，但只有明智的人才会从自己的错误中吸取教训。”父母的工作就是帮助孩子走出错误的困境，吸取教训，避免再犯同样的错误，并让自己变得更加强大。面对孩子的错误，父母切忌打骂、责备孩子，以下是父母可以用来帮助孩子应对错误的一些方法：

◎当发现孩子做了错事，父母首先要整理自己的思绪

1.冷静地整理自己的思绪，反省一下：我们有没有给孩子树立榜样、教给他们正确的方法？比如，孩子撒谎，我们平时有没有在生活中也对孩子撒谎？ 如果自己做错了事，我们是如何处置的？抱怨、生闷气、大声责骂、把自己的过错推到他人身上去了吗？父母要记住的是：孩子处理错误的方法往往从父母那里学会。所以我们应该用自己的行动，而不是用语言教育孩子。

2.了解事实，深深吸口气，花几分钟时间想想：

- 自己具体了解的是哪些事实？
- 还有什么事实需要了解？
- 自己对孩子的错误有何感觉？

- 孩子是否太小，在心智上还没有判断的能力？
- 孩子犯错时处于什么情形之中？
- 有没有来自同伴的压力或挑战？
- 孩子当时有没有其他可以采用的方法？

3.内心规划：在心中计划一下自己希望孩子通过这件事学到什么技能或知识。比如，别的孩子可以做的，并不一定是对的。想从储蓄罐中拿钱买东西，首先要告诉父母。

4.夫妻之间进行讨论，统一意见：父母要尽量了解事实的真相，越清楚越好。很多时候，孩子犯错之后，可能会向父母隐瞒一些真相。父母也应理解孩子的感受，接受孩子可能不会告诉父母全部真相这一事实。但父母不能纠结过去，或拘泥于“为什么”，而要把重点放在未来和“怎么解决”。

◎当孩子冷静下来之后，父母可以使用启发式问题与孩子讨论

通过讨论，父母帮孩子评估当时的情况，并找到解决问题的妥善方法。这个过程也能培养孩子分析和思考的能力。

- 当时发生了什么事？
- 为什么会发生？
- 你的感觉如何？
- 你采用了哪种方法，为什么？
- 这么做是对是错？为什么是错的？
- 造成了什么后果？
- 父母该如何帮助你？
- 用什么方法弥补？

在对待孩子的错误时，父母切忌一味强迫孩子认错，如果孩子只是因

为害怕而被迫认错，那么就达不到教育的目的。孩子和成年人不同，有时不知道在某种情况下应该采取何种方法，他们缺乏随机应变的能力，因而很多时候使用了不恰当的方法。因此在以上这几个问题之中，“造成了什么后果”“用什么方法弥补”的讨论是最主要的部分，因为这样可以帮助孩子理解为什么那样做是不对的。只有让孩子真真切切地意识到自己错了，孩子才能主动承认错误，并寻找补救措施来弥补自己的错误。多数孩子如果明白如何使用正确、合理的方法，他们还是愿意使用的。

当然父母还可以和孩子一起讨论，或者让孩子自己提出改进的方案和建议，并告诉孩子自己会在他们的身边帮助他们，指导和督促他们改正错误。

◎让孩子知道将来遇到同样的情况要怎么做

在孩子承认并改正错误之后，父母还可以与孩子一起讨论如果下次碰到同样情况时应采用的方法，制订一个计划。比如，这次英语考试我考砸了，但从今天起，在接下来的2个星期之内，我每天花10分钟阅读英语课本。

帮孩子改正错误的一个长期目标是培养孩子今后在采取行动之前想想自己的行动会产生的后果，也就是让孩子明白“三思而后行”的重要性。因此父母要让孩子尝到犯错的后果，因为后果教育把孩子的错误行动和产生的结果联系起来。让孩子不断积累经验，避免下次再犯类似的错误。

让孩子“自食其果”是管教孩子的过程中必要的一个方面。父母若要孩子为自己的行为负责，就不能剥夺孩子履行责任的机会。父母应放手让孩子处理自己的事情，并为自己的决定承担后果，从而达到培养孩子责任心的目的。只有这样，孩子才能获得独立思考、解决问题的能力。

温馨提示

处置孩子的错误时要注意的几个原则：

1.人无完人，父母会犯错，孩子更不能避免。告诉孩子不要为自己的错误而内疚，重要的是犯了错之后怎么办，这样才能避免将来出现同样的错误。因此父母处置孩子犯错的方式、方法能对孩子起到非常重要的作用。在现实生活中，如果父母犯错，常常勇于承认自己的错误，并努力改正，那么这样的积极态度会给孩子作出表率作用。

2.让孩子明白不管他们犯了何种错误，父母对他们的爱是不会改变的。

3.作为父母，我们应避免把孩子从他们的错误中解救出来，更不能对他们的错误视而不见，而是要把他们从犯错的困境中解救出来，帮助他们找到正确的方法。这样既可以培养孩子处理事务的能力，又可以让他们避免再次犯错。

04 提供选择，让孩子乐于成为父母的合作者

给孩子选择权让孩子成为自己活动的决策者，这样，孩子更愿意成为父母的合作者。在给孩子选择权时，父母应为孩子提供一些选择性的问题。这样父母可以把自己的愿望放进选项中让孩子选择，从而起到一定的控制作用。

周末，朋友玛莎请我上她家喝下午茶。玛莎出生于我们小镇，在我校设备科工作，至今已在我校工作了10年。玛莎有两个孩子：10岁的女儿薇薇安和6岁的儿子斯科特。薇薇安是个乖巧听话的孩子，而斯科特却和姐姐相反，常常要和妈妈唱反调。玛莎给我泡好咖啡之后，把她自己烤的曲奇小饼干和胡萝卜蛋糕放到茶几上让我吃。斯科特一见，走过来问："妈妈，我是不是也可以吃一点儿？"玛莎告诉斯科特："在吃甜食之前，你必须在饭桌前坐下来。"斯科特说："我不坐，就要站在这里吃。"看着斯科特一点儿也不愿让步的样子，玛莎停一停，说："你要坐在哪把椅子上，是你平时坐的那把还是靠窗的那把呢？"斯科特马上回答："我要坐在我平时坐的椅子上。"玛莎说："那么快去吧，我马上把甜点给你拿过去。"斯科特快速走到饭桌前，坐了下来。

玛莎用给斯科特选择权的方法避免了和斯科特的冲突，让斯科特乖乖

地按照自己的要求做事。

传统的父母几乎都是权威型的，他们大多喜欢乖巧、听话的孩子。在日常生活中，父母常常会为孩子作出各种决定：每天吃什么？几点吃？该干什么？有的父母甚至会规定孩子应该读什么样的书，穿什么样的衣服，喜欢什么样的时尚。一旦听到孩子不愿听从自己的要求或安排时，父母常常会觉得自己的权威受到了孩子的挑战而生气，会想尽办法控制孩子生活中的点点滴滴，严重时甚至责备打骂孩子。

请大家设想一下，如果我们自己的生活经常由别人来主宰的话，我们会有什么样的感受？孩子也是一样。他们也想对自己的生活有作出选择的权利。因此，他们对父母给出的种种规定抱有不满之情也情有可原。说到底，为自己的需求作出一个选择，是人们生存的基本需求。

当然在孩子的日常生活中，有许多事情，父母必须让孩子们做，比如，按时起床，穿合适的衣服，吃营养均衡的饭菜，完成功课，帮父母做家务事等。但也有许多事情，父母不得不阻止孩子做。比如，长时间玩电子游戏，吃垃圾食品，对人没礼貌等。孩子在成长过程中，他们需要在父母的支持下，通过选择、决定、犯错和承受自己的决定所带来的后果而赢得控制感的机会。从玛莎的经验来看，给孩子一个选择的权利是有效避免孩子和父母争执、改善亲子关系的有效方法之一。给孩子选择权既能让孩子和父母合作，也能让他们学会自律，养成良好的决策能力。而且，给孩子选择权，可以使他们更独立，更能掌握自己做决策的技巧，也能让他们意识到自己的决定和这个决定的后果之间的关系。

那么如何有效地让孩子对父母的要求采取合作的态度呢？

给予“被迫性选择”

“被迫性选择”就是父母让孩子在有限的选项之中进行选择。因此父母要避免提出开放性的问题。

早上的时间都比较紧迫，父母要赶去上班，孩子要赶去上学。爸爸忙着帮5岁的艾米莉准备早餐。

爸爸：“你要喝什么？”

艾米莉：“我要喝可乐。”

爸爸：“不行，早上怎么可以喝可乐！快说喝什么？”

艾米莉：“那么我就喝雪碧。”

爸爸：“这不行，你到底要喝什么，快告诉我，磨磨蹭蹭来不及了。”（说着有点儿生气了）

艾米莉：“我想喝的，你都不让我喝，还问我。”

爸爸听到艾米莉的回答，非常生气：“你怎么专门挑垃圾饮料，你难道不知道早上应该喝什么吗？”

受到了爸爸的指责，艾米莉觉得非常委屈，她哭了起来，说道：“我什么都不想喝了。”

爸爸在问艾米莉想喝什么时，使用了开放式问题：“你要喝什么？”对于这样的问题，艾米莉可以回答自己非常想喝的东西“可乐”和“雪碧”。但艾米莉要喝的饮料并不合爸爸的意。因此，面对艾米莉的回答，爸爸非常不满，责备了艾米莉。艾米莉却因为受到爸爸的责备而感到特别委屈，父女两人弄得不欢而散。

如果一开始爸爸在问艾米莉时，使用“被迫性选择”的方法，那么可能就会得到完全不同的效果。

爸爸：“你要喝牛奶还是橘子水？”

艾米莉：“我要喝橘子水。”

在上例中，爸爸给艾米莉提供了两种选项，这样孩子只能从“牛奶”和“橘子水”之中选择一项。通过被迫性选择法，爸爸有效控制了选择的内容，孩子的选择最终是自己所能够接受的结果。如果今天父母一定要完成购物的任务，那么就不要把“你不停止哭泣，我们就回家”作为选择项目。有时孩子作出了不肯合作的选择，父母一定要坚决执行。如果父母食言，这些选择就会变成空洞的警告。久而久之，这些警告就不能得到孩子的信任，更不能起到管教孩子的作用。

此外，只要是父母提供的选择项目，无论孩子作出何种选择，父母都不能对孩子选择的结果产生异议。否则，就非常不公平。比如，孩子不愿意吃蔬菜，妈妈告诉孩子：“你可以吃完蔬菜之后看电视。如果不吃蔬菜，就去你的卧室。”可是当孩子站起来走向自己房间时，父亲大声叫起来：“坐下，你得吃完蔬菜之后才能离开饭桌。”如果父母这么做的话，根本没有给孩子选择权，不是吗？

一些被迫性选择的问题

- 早餐你是吃面包吐司，还是麦片？
- 你要看5分钟还是10分钟电视？
- 你是晚饭后先去散步，还是做好家庭作业后去散步？
- 你要穿印有恐龙图案的睡衣，还是印有米老鼠图案的睡衣？
- 你今天要穿哪条短裤：黑色的，还是棕色的？

- 今天我们玩纸牌游戏还是棋盘游戏?
- 你要在餐桌上还是书桌上做家庭作业?
- 你是要穿大衣，还是穿运动衫上学?
- 你要跑着上楼，还是像小兔一样跳着上楼睡觉?
- 你先要干什么? 是把垃圾拿出去，还是把碗放进碗柜中?
- 你是晚饭后做家庭作业，还是我明天早上6点唤醒你做家庭作业?

在给孩子选择时，父母要避免使用下面这种问题，因为这样的问题给孩子一个否定回答的机会，这样父母就不能达到给予孩子指令的目的。

- 你现在想把你的玩具放好吗?
- 吃完饭后去洗澡，好吗?
- 我们明天要不要去图书馆借几本新书看?

跟孩子讨论不明智的选择

有时候，孩子做了一个不太明智的选择，父母就可以借机和孩子讨论为什么这个决定欠佳。

卡米拉每天带午餐上学。上学之前，妈妈问卡米拉："午餐带火腿三明治加酸奶，还是米饭和菜？"卡米拉选择了小份的火腿三明治和酸奶。妈妈提醒卡米拉光带火腿三明治和酸奶可能不够，但卡米拉不听。结果是卡米拉午餐没有吃饱。回家之后，卡米拉告诉妈妈由于午餐没有吃饱，自己一个下午都觉得饥肠辘辘。妈妈告诉卡米拉："我很抱歉听到你说饿。那么你帮我想想你午餐希望带什么去学校，这样你就不会觉得很饿了。"

像这样的情况给父母提供了教育孩子作出明智决定的绝好机会。卡米拉妈妈的这种说法要远远比“是你自己要选酸奶的，你饿了怪谁呀？”或者“我早就告诉你光要三明治和酸奶不够，可你偏不听”要好得多。

在孩子的成长过程中，他们渴求自由控制自己生活的权利，父母通过在一定程度上给予孩子选择的自由权，让孩子理解父母对他们的尊重和信任。而得到父母尊重的孩子往往也会更加尊重父母。父母和孩子之间的尊重和信任对改善亲子关系有着非常重要的作用。通过实际的选择过程，孩子体验了自己的决定给自己带来的影响，这有助于孩子学会选择的技能，并了解和学会作出正确的选择。而给予孩子选择的权利，也在一定程度上对孩子的自信心和正确价值观的形成起到非常重要的作用。

孩子不愿选择，父母可以采取行动

如果孩子不愿意从父母所提供的选项中进行选择，比如是选择橘子汁，还是苹果汁，那么父母可以简单地这么说：“我已经给你选择的项目了，可是你还没有告诉我你要哪样。我再给你1分钟，好好考虑。如果你不选的话，我会帮你选。你是自己选择，还是要我给你选呢？如果是我给你选择的话，可能你会更不喜欢哦。”很多时候，孩子只是希望得到控制权。如果父母在和孩子说了这些话之后，孩子还是不愿选择，父母应该按照自己说的办。

这样孩子就可以明白，如果自己没有在父母提供的选择项目中作出选择的话，他们的选择权就会消失。这样下次父母给孩子提供选择机会时，孩子一定会珍惜他们的选择权。

从小把选择权交给孩子，不仅仅体现了父母对孩子这一独立个体的尊重，更重要的是，通过选择，孩子意识到自己的意见能够得到父母的重视，他们更愿意在生活中采用和父母合作的态度和方法。此外，孩子在不停地选择之中，学会了如何作出正确的选择。只有这样，他们才能为自己负责，进而成为一个自立的人。

温馨提示

1. 根据孩子的年龄提供选择项目

- 3岁的孩子能够应付2个选项。
- 1年级的孩子可以从3～4个选项中选择。

2. 提供具体、特定的选项

如果父母给孩子的选项是：“你是现在，还是晚饭之后整理游戏室？”这样的选项可能会让孩子觉得无所适从，因为在孩子看来，整理整个游戏室听起来是件非常繁重的活儿。父母可以换种方法说：“你想现在整理游戏室中的毛绒娃娃，还是10分钟之后整理？”孩子较容易接受这样有具体内容的选项。

3. 当孩子面临一些艰难的选择时，如果父母能够告诉孩子“这是你的事，任你选择”，更能吸引孩子。这样可以让孩子觉得自己有一定的决定权和主动权。比如：“妈妈在打电话的这段时间，你是要玩你的乐高还是玩具车？这是你的选择。”可以想象，孩子听到这样的话语时的感受。

4. 如果孩子有好的建议，那么父母也可以采纳。例如，父母让孩子选择把外套留在车上或是穿在身上去商场。孩子提议他要把外套放在背包中，带着一起走。像这种时候，父母可以对孩子的创意大加赞赏：“哇！你想到了一个很棒、很合理的方法。我们出发吧。”像这样的肯定会给孩子许多自信。

第四章 尊重天性，父母省心，孩子优秀

每个孩子都是一个独一无二的个体，他们拥有自己独特的优点、潜能、心理和禀赋。因此，养育孩子，没有一个放之四海而皆准的“普世真理”。父母应该尊重孩子的天性，从他们的自然需求出发，开发他们的潜能，培养他们的好奇心，调动他们的学习兴趣和热情，顺势而为地教育孩子。只有顺应孩子的天性，他们才能快乐、健康地成长，而父母也省心，得到事半功倍的养育效果。

01 善待孩子的好奇心，让孩子从小爱探索

“太阳为什么看起来是金黄色的？”“小鸟为什么能飞？”生活中的平常小事常常在孩子的心中产生诸多疑问，引起他们极度的好奇。好奇心是兴趣的起源，也是探索知识的动力。父母应该保护和引导孩子的好奇心。

最近刚搬了新家的朋友卡伦是我们学校现代语言系的法语教授，先生汉斯是小镇一家会计事务所的注册会计。他们有两个可爱活泼的孩子，7岁的女儿玛雅和4岁的儿子福瑞德。好动的福瑞德聪明伶俐，逻辑思维很好，常常对事物如何运作非常感兴趣。

这个周末，卡伦和汉斯请我们去参观他们的新家。我们一进卡伦家，便看到福瑞德正站在水池边的柜台前摆弄着手中的大塑料杯子。塑料杯中有一些白色的液体，看到我和先生走进厨房，福瑞德兴奋地告诉我，杯中的白色液体是牛奶，在他面前的柜台上放着的五小杯液体分别是：柠檬水、水、苹果汁、橘子汁和可乐。他正在用这些液体研制他的“神奇药水”。

福瑞德把苹果汁倒进牛奶中，拿起调羹把杯子中的液体拌匀，仔细地查看了杯子中淡褐色的液体，皱起了眉头。“看起来有点恶心，”他接着又闻了闻杯中的液体，“有点儿苹果汁的味道。”最后他犹豫地拿起了杯

子，喝了一口，满意地告诉我们："不坏，有点儿甜。"然后，福瑞德问卡伦："牛奶加了苹果汁以后，颜色为什么变了？味道也变成有点儿甜了？"卡伦一一回答了福瑞德的问题。福瑞德又问道："如果加了橘子汁之后，会是什么颜色？味道会不会是酸的？"卡伦说："是呀，你为什么不试试呢？你把那几种液体都混合起来试试，看看会制造出什么样的'神奇药水'。"福瑞德答道："对，我再试试。"大半个下午，福瑞德不停把各种液体倒来倒去，滴落的液体把柜台弄得黏糊糊的。但福瑞德毫不在意，埋头忙着他的发明呢。

卡伦告诉我，福瑞德和玛雅对世界充满了好奇心，总是有问不完的问题。但有趣的是兄妹俩感兴趣的方面完全不同。与福瑞德相反，玛雅对人很感兴趣，常常问卡伦：为什么有人会这么做？她为什么穿这样的衣服呀？家中有两个好奇心很强、爱提问的孩子，很难有安静的时候。有时卡伦为回答孩子的问题绞尽脑汁，很累。但看到孩子们通过提问，学到了很多知识，所以卡伦毫不介意，总是尽量回答他们的问题，觉得很值得。

孩子的天性就是好奇，而好奇心往往是兴趣的起源、探索知识的动力。因为一个人的好奇心越强，其心胸就越开阔，越有求知欲。他们反对循规蹈矩，富有革新精神，往往会有许多独到的见解。爱因斯坦曾经说过："我没有什么特别的才能，不过喜欢寻根刨底罢了。"现代心理学的研究也证明好奇心与智力成正比。发表在2002年《人格与社会心理学》杂志上的一项研究成果显示：幼年时有很强好奇心的孩子与那些好奇心不强的孩子相比，长大之后的智商更高。对孩子的好奇心父母要加以保护，不能用冷言冷语或者是冷漠的态度使孩子失去探索的精神。如果父母希望在孩子的成长过程中培养孩子的好奇心，可以从以下一些方法开始。

和孩子分享自己的好奇心

父母和孩子一起探索周围的世界，在他们面前做个童心未泯的大孩子，用自己的行为向孩子展示自己对周围事物如树木、天空、星星充满了好奇心。如果父母对周围事物显得毫无兴趣，甚至对孩子的好奇心不以为然，那么孩子好奇的天性就会在无形中受到压制。父母可以和孩子一起收集那些在一般成年人眼中平淡无奇的物品，比如，把海边捡来的贝壳按颜色或者形状归类，用标签标示收集的贝壳的名称、时间、地点。如果孩子有兴趣，父母还可以引导孩子去了解贝壳的生活环境、生长规律等知识。父母和孩子一起运用想象力，做成漂亮时髦的室内装饰品，用来点缀孩子的卧室。通过日积月累，孩子会学到关于贝壳的很多知识，无形中丰富和扩展了他们的眼界。更为重要的是，由于好玩，好奇心和求知欲会愈加旺盛，并促进其智力的发展。

父母还可以用自己的身体语言和情绪感染孩子，帮助他们对周围的事物和环境产生好奇心和兴趣。比如，父母可以用绘声绘色的语言、神秘的表情给孩子描述生动有趣的故事，激起孩子对周围世界的好奇心。

跟随孩子好奇心的指挥棒

如果孩子喜欢音乐，经常放音乐让他听，和他一起作曲、演奏，一起跳舞。如果孩子喜欢虫子，给他一把铲，一张网，让他去捉虫子。找有关虫子的书，和他一起念。孩子是领队，父母就跟着转吧！

放手让孩子用自己的方式探索世界，父母不要迫不及待地试图将孩子拽回所谓“正确的轨道”上来。比如，孩子如果愿意用内裤当帽子戴，父母不要因为孩子的举动奇怪而反对。只要是安全的游戏，尽管在成年人眼中很不合理，父母也要鼓励，否则会让孩子错过许多发现问题、解决问题的机会。

鼓励孩子提问激发好奇心

发展心理学家米歇尔·乔伊纳德2007年通过对4个孩子和看护人之间200多个小时的观察发现：1～5岁的幼儿平均每分钟会向成人提1～3个问题，累积起来，每个小时大约会有76个问题。哈佛大学儿童心理学教授保罗·哈里斯从乔伊纳德的数据中推断估计：在孩子2～5岁这3年中，他们将会提40000个问题。乔伊纳德由此得出结论：“提问并不是孩子时不时想起来才做的事情，不停地提问才是孩子特征的核心部分。”

而父母回答孩子这些问题的方式，会对孩子今后的生活发展产生巨大的影响。因此，在回答孩子问题时，父母可以根据他们的年龄，运用不同的方式方法。对孩子提出的问题，父母更不要急于表态，而可以以此为契机来培养孩子分析问题和解决问题的能力。

- 用开放式的问题来激发孩子的好奇心。开放式问题，没有“对”或“错”的答案，也不能只用一个“是”或“否”来回答。比如，“你觉得……怎么样？”“告诉我今天在学校发生的事情。”“你知道火车为什么要在铁轨上跑吗？”孩子在回答这些问题时需要通过思考、整理自己的思想和理念，阐述他们的观点。通过这种问答，父母便拥有了进入孩子内心世界的机会。

- 在回答孩子问题之前，父母也可以让孩子先讲述他们的想法，“这真是个好问题！你猜猜蛇怎么动的？”“这真有趣，我还没有想到呢，你觉得天空为什么是蓝色的呢？”“是呀，你觉得蚊子为什么会粘在蜘蛛网上呀？”

- 让孩子设想一个答案。“如果你是芭比的好朋友，你会怎么做？”“奶奶会不会喜欢我们给她买的礼物？为什么呢？”“如果明天下雪，学校放假，你有什么计划？”

- 即使父母不知道答案，不能正确回答孩子的问题也没有关系，切记不要不懂装懂，含糊其词，而是要诚实地告诉孩子：“对不起，这个问题我也不知道怎么回答，等我看过书后再告诉你。”这么做让孩子明白：不知道答案没关系，不应为此而羞愧。父母还可以给孩子提供一个如何找到答案的示范，比如，和孩子一起去图书馆，或致电询问可能知道答案的人。这么做可以让孩子学会思考、找寻正确答案的方法，这也是培养孩子好奇心的最佳方式。

制造机会，培养好奇心

◎外出游玩

外出旅游常常让孩子接触到不同的人和事，让孩子认识缤纷的大千世界，这将拓宽他们接受新事物的视野。一次普通的外出，比如去儿童博物馆、历史博物馆、科技馆，往往会出人意料地引发孩子的好奇心。在途中，父母可以就看到的物品或景象向孩子提问：“不知道艺术家用什么方法画这幅画，让这画中人物的眼睛看起来像在跟着我们转？”“是什么神奇的力量让乒乓球飘浮在空中不掉下来？”而这些问题也许能点燃孩子好奇心的火花。

◎使用图书馆

书是引导孩子满足好奇心的一扇窗。经常看书的孩子都会成为好读者。让孩子做主，选择自己喜欢的书籍来阅读。研究表明，孩子阅读的内容无论是关于火箭还是漫画都没有关系，关键是抓住孩子的兴趣，让孩子养成阅读的习惯，从而满足孩子的好奇心。

◎教给孩子仔细观察的方法

有一个非常著名的“测试你的意识”的视频，已经吸引了成千上万的观众观看。点击这个视频就能看两个球队站在篮球场中间，一队球员穿着白衣，一队球员穿着黑衣，每个球队各有4个球员，其中的两个球员，每人手中各拿着一个篮球。视频中的解说者告诉观众：“数数看穿着白色球衣的队员一共传了多少次球。”视频开始之后，观看者都会把注意力集中在穿白衣的队员身上，聚精会神数着他们传球的次数，答案是13次。接着，视频中的解说者又问观众：“你有没有看到什么异常的人物？”这时，多数观众都会觉得有点疑惑。他们大多认为自己没有看到什么异常人物。接着，视频重新播放了刚才球员们传球的影像，观众才发现，原来在传球的过程中，场地上有一个假扮成黑猩猩的人，一会儿在场外，一会儿在队员中间，做了很多夸张、搞笑的动作。

为什么观众在观看视频时都没有觉察到这个假扮黑猩猩的人？那是因为大家在观看时太专注于自己关注的内容，以致忽视了周围其他事物的存在。

父母可以在生活中培养孩子从细小之处观察事物的能力。人类用五种感官来探索世界，父母需要做的是鼓励孩子使用他们的感官，可以经常向孩子述说在日常生活中碰到的各种看似熟识的小知识，比如，“嗯，这种肥皂闻起来好香！可能有薰衣草的香气。”“看看鱼缸中的鱼怎么呼气的？它们游的时候，为什么要摆动尾巴？”“外面叽叽叫的是什么鸟？是不是喜鹊？”

给孩子读书时，不只限于书本内容，父母可以指着书中的画向孩子提问：“这里有许多蝴蝶，你看到了吗？蝴蝶身上的花纹像什么？”“你能找到躲藏在树叶背后的小乌龟吗？”带孩子外出时，边走边向孩子指出你们看到的东西：“那边那个绿色的圆筒是信箱，你看到在烈日之下站岗的警察叔叔了吗？”

父母也可以教给孩子有顺序地观察事物：从整体到部分、从主要到次要、从上到下、从外到里、从明显的特征到不明显的特征。比如，父母和孩子一起观察一束鲜艳的玫瑰花，父母可以先教孩子观察整束花的形状，观察花的颜色，再从左到右，仔细看清每朵花在整束花中的位置和它们之间的关系，这样就能使孩子看得仔细、认真，对整束花有全面、细致的认识。

◎鼓励孩子“别出心裁”地玩耍

雨过天晴，地上留下了一洼洼的水坑，4岁的阿尔文看到水坑非常兴奋，她穿上自己的小雨鞋，兴奋地跳进水坑，一会儿用右脚，一会儿用左脚，用力踩起水来。水坑中的水也随着阿尔文的踩动而到处飞溅，发出哗哗的响声。阿尔文身上的衣服被溅湿了。妈妈见了，马上心疼地说：“你怎么去踩水坑了？水坑里的水多脏啊。你现在把自己都弄湿了，如果生病了怎么办？以后再也不能踩水坑了。”说完就把阿尔文拉回家了。从此以后，阿尔文看到水坑都避开，再也不敢踩了。

在生活中，有许多父母因为害怕孩子弄伤自己，或者把身上的衣服弄脏，而不允许孩子碰这个、摸那个。其实，父母在这么做的同时，不仅剥夺了孩子成长过程中的乐趣，更扼杀了他们动手实践、亲身体验和探索世界的机会。如果孩子总是生活在单一的框架中，缺少探求的机会，他们就无法发现和认识周围的世界。因此，与其简单地禁止孩子做一些事情，不如教会孩子更好的应对方法。如果父母是在担心孩子因为踩水坑弄湿衣服而感冒，不妨引导孩子，帮他们找出解决不让水溅湿衣服的方法：

妈妈："穿着湿衣服，容易生病，怎么办？还是别踩了吧？"

阿尔文："我可以轻轻地踩，这样水就不会溅得很高了。"

妈妈："真棒。还有什么方法吗？"

阿尔文："我不跳进水坑中间，在水坑边上踩。"

妈妈："这也是个好方法。你可以这么做。"

阿尔文："如果衣服弄湿的话，踩完水后马上换衣服。"

此外，在生活中，父母更应该鼓励孩子用不同的方法和观点重新探讨事物。

- 生活中许多物品如纸板箱、积木、水、沙、锅碗瓢盆，任何手工制作材料，都可以通过孩子的想象力变成玩具或精美的作品。父母不要干涉孩子，硬性规定孩子必须使用何种材料或何种方法。让孩子带着好奇心和想象力，自由发挥。

- 鼓励孩子打破传统，每隔一段时间父母可以让孩子打破一些事物的原有规律，调整一下。比如，早餐吃比萨，晚餐吃麦片粥。给孩子讲世界各地的饮食风俗习惯，并告诉孩子世界上有许多人的做事方式和我们不一样，但我们不能因为他们和我们不同而歧视他们。

- 更换场景。比如重新整理孩子房间里的玩具，或在孩子床上放上不同的毛绒玩具，然后父母可以和孩子一起比较、探讨：现在看起来怎么样？是不是没有以前散乱了？这么放，床上的颜色是不是更协调？

英国哲学家约翰·洛克曾经说过：“儿童的好奇心，只是一种追求知识的欲望，所以应该加以鼓励，不仅因为它是一种好现象，而且因为这是自然给他们预备的一个好工具，给他们去除生来的无知的；他们如果不好问，无知就会使他们变成一种愚蠢无用的动物。”只要父母稍作努力，我们的孩子就能在对周围世界的无穷探索中健康、快乐地成长。

02 如何高效训练孩子的注意力

孩子全神贯注地游戏就是培养他们注意力的好时机，父母应避免不停地打扰孩子，因为这种干扰会分散他们的注意力。如果父母实在需要孩子做一件事，那么可以等到孩子玩完之后，或者在游戏的空隙时间当面告诉孩子。

菲咏娜和她的先生安德鲁都是我们大学的教授，他们有两个儿子，7岁的戴维斯和4岁的菲利普。一天，我看到了正忙着和3个伙伴一起在花园中踢球的戴维斯。戴维斯两手放在腰间，站在虚拟的“球门”之前，紧张地盯着在“球场”上你争我夺的伙伴们。我看到“球门”的左面有两瓶泡泡水，就请他帮忙放到1米之外的桌子上。戴维斯看看我，犹豫地说：“我想帮你，但我现在在踢球，我需要集中注意力，不能有一点儿偏差，否则他们就可能把球踢进球门了，所以我现在帮不了你。”

听到戴维斯的话，我不禁为自己的举动感到羞愧，也为他拥有能够排除外部干扰的注意力而喝彩。当我把戴维斯的话告诉安德鲁时，安德鲁笑着说：“这正是我经常和戴维斯所说的，做事要专注，不能三心二意，否则一事无成。”

美国俄勒冈州立大学儿童智力开发方面的专家梅根·麦克莱兰博士在2012年《少儿早期研究季刊》上发表了基于对430名受试者从学龄前到成年人阶段长期追踪采访的一项研究：如果孩子在4岁的时候就能够长时间地集中注意力，那么当他们25岁的时候，顺利毕业的机会就比那些不能长时间集中注意力的同龄人高一倍。由此可见，注意力对孩子在人生中能否取得成功具有重要影响。

在孩子的成长过程中，父母常常为孩子注意力不集中而烦恼。比如，孩子不能长久地玩一样玩具，不停地换玩具；父母和孩子一起读书，一页还没有念完，孩子已经把书翻到下一页了；吃饭没有心思，喜欢到处跑动，一点儿也定不下心；孩子上课常常走神，注意力一点儿也不能集中。那么父母是不是应该为孩子的注意力而担心？

从专业的角度来看，注意力可分为集中性注意力、选择性注意力、持续性注意力、转换性注意力及分散性注意力。在日常生活中，人们常常会同时运用多种注意力。例如孩子在玩喜欢的拼图，他的目标就是要找出那块自己需要的图片，他对周围的一切，比如，妈妈在身边来回走动，窗外人来人往，大声的喧哗等声音毫无感觉。在这种情况下，孩子使用了集中性注意力和选择性注意力。

这么看来，想让孩子集中注意力做事不是一件容易的事，特别是学龄前的儿童身心发展还不成熟，他们的注意力还处在发展阶段。因此，他们做事时常常不由自主地在别的事物上分心。如果孩子的注意力在幼年时得不到充分的训练，对孩子将来的学业和事业成功有很大的影响。但要训练孩子的注意力，我们首先要明白0～6岁的孩子注意力应达到什么样的水平。

0～6岁的孩子应该有什么样的注意力

对于幼儿的注意力，许多专家有不同的理论。有些发展心理学家认为，孩子注意力持续的时间是孩子年龄的3倍至5倍。也有一些儿童发展心理学家认为孩子注意力持续的时间通常在几分钟之内，和孩子的实际年龄相似。但事实上，作为父母，我们都能注意到：当孩子对一件事情或者游戏感兴趣时，他们能够专注的时间更长。有时孩子可以完全因为“沉浸在玩乐的愉悦”之中，而忘记了时间。此外，每个孩子之间也存在一些个体差异。孩子的性格、身体健康状况、所吃食物等各种因素都会对孩子的注意力有所影响。

儿科护士海伦·福勒内维尔根据她二十多年对0～6岁幼儿注意力的观察所得，写成《0～6岁幼童身心发展及父母对策》一书，书中详细介绍了0～6岁儿童注意力的时间（见下表）。

0～6岁儿童典型的集中注意力时间

年龄	幼儿的活动	父母如何帮助
2～7个月	2个月的婴儿关注、模仿别人的表情或辨别别人声音的时间可长达2～3分钟。7个月婴儿做同样活动时专注的时间可达5分钟。	和宝宝互动：引导宝宝看有趣的东西；也可以随着宝宝的兴趣，和宝宝一起玩他喜欢的游戏或活动。父母应该注意的是，当宝宝把头转向其他事物时，避免逼迫宝宝，而应让宝宝休息。
18个月	18个月的幼儿在寻求成人的注意之前，可以独自花30秒钟的时间玩一个玩具、做一件感兴趣的事情，或者花1～2分钟做几个游戏。	父母期望孩子集中注意力的时间应该切合实际。
2岁	2岁幼儿独自一人可以花30～60秒钟的时间玩一个玩具或做一件事。如果得到成年人的积极鼓励，孩子的注意力可能会延长至2～3分钟。	父母和幼儿一起讨论他们玩的游戏或玩具，这样可以延长孩子的专注时间。如果孩子正在玩玩具车，妈妈可以指着玩具车对孩子说：“你看到车子上的黑点

（续表）

年龄	幼儿的活动	父母如何帮助
2岁半	独自玩耍时，如果给孩子单一的活动，2岁半的孩子集中注意力的时间约为2分钟。通常孩子喜欢不断地得到成年人的关注和鼓励的。 这个年龄段的孩子能够和其他孩子一起安静地玩约10分钟。	了吗？”“这辆车子是不是跑得很快？开给我看看。”“看看你能够把这个小球放进这辆车里吗？”“这辆车是不是可以在积木搭成的道路上开呢？”
3岁	如果是一个有趣和简单的活动，这个年龄段的孩子可以独自玩3～8分钟。如果活动很简单的话，孩子可以独立完成。	父母可以想方设法延长孩子已经开始的感兴趣的活动，也可以随孩子们的兴趣，和孩子一起玩。在孩子玩的时候，父母应避免分散孩子的注意力或帮孩子做完他们在做的活动。
3岁半	如果孩子有各种有趣的玩具和游戏可以选择，这个年龄段的孩子可以单独玩15分钟。	
4岁	4岁的孩子可以全神贯注于他们参与的活动之中，有时就连父母叫他们吃饭，他们也可能听不到。 4岁孩子独自一人做单一活动时集中注意力的时间可能达到7～8分钟。而如果是孩子从来没有玩过的一种新游戏或玩具，或者是有趣的活动时，他们集中注意力的时间可以长达15分钟。 和同伴一起玩耍时，4岁孩子能够不间断地和同伴们玩5～10分钟。	4岁的孩子对自己不感兴趣的活动很难集中注意力，而且也容易因为外部的噪声而分心。 如果孩子觉得某项活动做起来很顺手，或者很有成就感，那么他们就更能对那项活动保持兴趣。有时他们需要父母的帮助来完成他们的意愿。父母可以用即兴的游戏和幽默来帮助孩子延长对这一活动的兴趣。
4岁半	如果父母给这个年龄段的孩子分配一个任务，比如，让孩子自己换衣服，把自己的玩具放回玩具盒等，孩子可以有2～3分钟的专注时间来完成这个任务。	

（续表）

年龄	幼儿的活动	父母如何帮助
5岁	大多数5岁的孩子不会因为轻微的干扰而分散注意力。对于感兴趣的单一活动，他们的注意力可达到10～15分钟。可以用4～6分钟集中注意力去完成一项父母分配的任务。和同伴一起玩时，他们可以不间断地玩10～25分钟。	父母应该认识到个人兴趣是5岁孩子集中注意力最重要的动力。孩子能够专注的时间可以因为他们的兴趣而加倍。
6岁	6岁孩子独自玩感兴趣的游戏的专注时间多达30分钟。	父母可以继续巩固孩子的兴趣。密切关注孩子所进行的活动，如果孩子碰到困难，父母可以帮助孩子。

（注：不能用孩子看电视的时间作为衡量注意力的标准。）

给孩子一个安静的空间

在家庭中，父母应给孩子提供一个舒适安宁、简洁明快的环境。试想一下，如果我们忙着要完成一份工作小结，而孩子在身边跑来跑去，大声地听音乐、吵闹，那么在这样嘈杂的环境之中我们是否也很难专心致志地完成？孩子也是一样。如果在卧室之中，到处是孩子的玩具或图书，孩子很难在众多的玩具、书籍之中选出让自己专注的一件玩具或一本书。看书时，他们非常可能拿起一本书翻两页，随手又捡起另一本书翻几下。玩玩具时也一样，他们可能一会儿拿起玩具小车玩一下，转眼看到可爱的毛绒玩具，就随手扔掉手中的小车而去抓毛绒玩具玩。长此以往，孩子很难集中注意力。因此凌乱不堪的房间只会让孩子注意力涣散，父母要尽可能地给孩子一个安静、整洁的环境。给孩子玩具时，一次只给2～3个，孩子玩完之后放回原处，才可以拿新的玩具玩。这是培养孩子注意力的一个重要保障。

不干扰孩子做喜欢做的事

在孩子的成长过程中，他们不停地接受外部的刺激，吸收各种知识。父母可以仔细观察孩子平时喜欢什么样的活动，特别是孩子在专注于某件活动时，切忌轻易打断孩子。

海丽抱着心爱的芭比娃娃在游戏室全神贯注地玩着，她一会儿给芭比娃娃穿上连衣裙，一会儿帮娃娃扎了一条辫子，一会儿又给娃娃换上了白色的高跟鞋，完全忘了吃饭的时间。可是妈妈完全不顾海丽的感受和兴致，一会儿让海丽过来吃饭，一会儿又要海丽把脏衣服收起来，一会儿切了水果让海丽吃，以致海丽根本不能静下心来专注于自己的游戏。

孩子全神贯注地游戏、玩耍也是培养他们注意力的好时机。如果父母不停地打扰他们，也就是不断地分散他们的注意力，长久下来，这些干扰就影响了孩子注意力的集中性和稳定性的形成。如果父母实在需要孩子做一件事，那么可以等到孩子玩完之后，或者在游戏的空隙时间当面告诉孩子。

让孩子参加运动

美国伊利诺伊大学社区健康及运动机能学教授、神经认知运动学实验室主任查尔斯·希尔曼博士的研究显示：运动可能会增加学生的认知控制能力、注意能力，还为学生带来好的考试成绩。因此父母不要因为孩子有沉重的课业负担而让孩子放弃运动。要知道，运动不仅给孩子带来良好的体质，更能提高孩子的成绩，因为运动促进孩子拥有更好的注意力。

限制孩子看电视和玩电游的时间

来自哈佛大学的研究人员在2014年4月《儿科》杂志上撰文指出：儿童看电视的习惯影响他们的睡眠时间。儿童每天花在看电视上的时间越多，其睡觉的时间越少。

该项对1800名6个月至8岁儿童长达7年的追踪研究发现：儿童每看1个小时的电视，他们睡眠的时间就会减少7分钟。其中电视对于男孩的影响更大。在自己的卧室里有电视的孩子通常比卧室里没有安装电视的孩子每天少睡30分钟。

这项研究的主导者伊丽莎白·塞斯佩德斯解释说：“众所周知，孩子在童年时代，如果睡眠不足会对他们的发育过程造成不良后果。其中包括孩子注意力涣散、学习成绩差，以及肥胖症的发生率增加等。”

美国儿科学会建议：2岁以下的孩子不应看电视，2岁以上的孩子一天看电视的时间也不要超过1小时。

我周围的许多北美父母，在家中都没有安装有线电视。他们更不会在孩子的卧室里放置电视或电脑。

如果孩子喜欢看电视，父母可以和孩子一起看节目。这样，父母既可以对孩子看电视的时间有所控制，也能增加亲子时间。在看电视的过程中，父母可以和孩子一起探讨电视中的故事情节等，把电视作为一种教育的工具。

在游戏中训练孩子的注意力

游戏是培养孩子注意力的有效方法。孩子需要通过不断的练习来提高他们的注意力。在测试孩子注意力的过程中，儿童早期发展研究人员经常使用“头还是脚趾”的游戏。这个游戏让孩子做出和听到的指令相反的动作。比如，在听到“头”这个单词时，摸摸自己的脚趾；而听到“脚趾”时，则要摸摸自己的头。这样孩子们不得不集中注意力记住实验者发出的指令，并完成任务。

以下是几种可以训练孩子注意力的游戏。

■ 拼图

玩拼图游戏需要孩子高度集中注意力，父母可以根据孩子的年龄和兴趣给孩子玩他们喜欢的图案做成的拼图。最初从3～4块拼图开始，随着孩子熟练程度的提高，逐渐增加拼图的块数。

■ 填色游戏

填色游戏让孩子在一个规定的范围之内，集中注意力涂色，尽量不把颜色涂到规定的范围之外。因此在一定程度上锻炼了孩子的注意力。

■ 复述听到的故事或话

根据孩子的年龄给孩子阅读一个故事，让孩子重复故事的内容或句子。孩子需要集中注意力才能记住故事的内容。

■ 找相同或不同

给孩子2幅画，让他们找出画中相同的部分，或者不同的部分。

有许多方法可以培养孩子注意力，父母应该根据自己孩子注意力的发展和特点，结合他的兴趣，采用适合的方法。

03 挖掘孩子潜能，父母要做细心的观察者

每个孩子都有其内在的天赋，这些潜能也各有不同。有的孩子才能深藏不露，很难发现。父母只有认真仔细观察，才能从孩子的兴趣、行动和性格出发，挖掘出孩子的潜能。

操场的边缘处，妈妈温迪和快5岁的西奥坐在一条长凳上，妈妈手里拿着一本为8岁以上孩子阅读的书《魔灵禁地》。西奥静静地坐在妈妈身边，听妈妈朗读自己喜欢的书。不一会儿，妈妈读完了一章，但西奥还想让妈妈继续读。温迪告诉西奥："我已经给你读了很久的书了，现在和小朋友们一起去玩吧，我们晚上再读。"听到妈妈答应晚上再给自己读书，西奥才依依不舍地走向操场中央的游戏处。看着温迪手中的书，我说道："西奥这么小能够听懂这本书，真棒！"温迪告诉我："是呀，西奥从小就喜欢说话，你不记得去年你来我家时，西奥不停地拉着你和你说话吗？"

我想起来，去年我们一家曾应邀去他家过圣诞节，当时才3岁半的西奥拉着我，喋喋不休地给我编出一个30多分钟的故事。他从台灯投射到墙上的影子开始，想象出各种形状的动物、人物和事物。那些动物们来参加他的派对，闹出了各种笑话。西奥语速非常快，语句之中几乎没有语法错误，那时我就为西奥的语言能力而感到惊奇。

温迪告诉我："正是因为西奥喜欢不停地说话，我觉得他有语言方面的潜能，在给他朗读时，我刻意给他读一些有更多文字的书，慢慢地，他的词汇量也越来越大，而我给他读的书也越来越厚。"

每个孩子都有其内在的天赋。有些孩子善于讲故事，有些孩子天生跑得快，有些孩子擅长解决复杂的数学问题，也有些孩子更倾向于发明创造或种植花草树木。

由于每个孩子的潜能都不尽相同，有的孩子的才能深藏不露，很难发现。如果父母能够及早发现孩子的潜在能力，并给予培养和引导，那么孩子在成长的道路上可能少走很多弯路，也避免错过开发潜能的最佳时期。

从孩子兴趣入手，发现潜能

德国心理学家安格利卡·法斯说："小孩自愿做的和给自己带来乐趣的事情，实际上可能是提前发出他们有这方面天赋的信号。因此，如果父母仔细观察孩子，并发现他们有什么爱好，这是有益的。"由此可见，要发现孩子的潜能，父母应该从孩子的兴趣出发，在轻松愉快中发挥孩子的天性和创造力。如果孩子对画画情有独钟，而且对色彩也拥有很高的领悟能力，他有专注画画的能力，常常可以静静地坐下来画上一个多小时，那么孩子可能有艺术才能。如果孩子喜欢搭积木、玩拼图，那么孩子可能有很强的空间思维能力，具有成为建筑设计师的潜能。

在日常生活中，父母要经常与孩子进行"不经意的聊天"，了解孩子们的喜好，比如，喜欢阅读什么样的书籍，心中崇拜的偶像是谁，最喜欢玩的玩具是什么，哪些事情让自己着迷等。此外，父母还可以经常带孩子外出，去图书馆、博物馆、公园、超市等，密切观察孩子，发现孩子感兴趣的事情。

孩子的兴趣常常和智力发展有关，这也是孩子的潜能所在。父母如果对孩子感兴趣的方面提供更多的支持和引导，就能让孩子更快地发展。

从孩子行为入手，发现潜能

孩子的某些行为特征是与其天资相关的。在孩子的成长过程中，他们的行为会因年龄、环境而发生变化。有时候，父母因孩子不守规矩、不服从父母的要求和指令而感到焦虑。其实只要父母理解了孩子表现出某种行为的原因，他们也就明白孩子那些看似不好的行为，可能是孩子一种潜能的表现。

在日常生活中，父母可以细心观察孩子的行为，从各种行为之中找出孩子的天赋和潜能。比如，孩子喜欢家中的厨具和菜肴，一有时间就会在厨房中摸索，不到5岁，就学会了如何正确使用菜刀切菜，还可以和妈妈一起烤一些蛋糕和饼干，这说明孩子可能有敏感的味觉，懂得把各种不同的物品进行组合、整理来达到不同的视觉或味觉效果，对度量也有直观感受能力。再如，孩子每次玩完玩具，都会把玩具整理干净，分门别类，有时根据玩具的颜色排成一列，有时根据玩具的尺寸连成直线，这可能说明孩子注重细节，有逻辑思考能力，通常有数学和科学方面的潜能。

10岁的吉伯特成绩不是很棒，大大咧咧，但他有一副侠义心肠，平常身边总是聚集了一群朋友，甚至高年级的孩子也愿意加入吉伯特的帮派中。周末，他们常常聚集在小镇的操场上，互相追逐，嬉笑吵闹，不时把在操场上玩的小孩子们撞倒在地，弄得很多父母警告自己年幼的孩子远离吉伯特和他的朋友们。看到吉伯特带领的孩子在操场上干扰其他小孩子玩，妈妈艾丽卡就对吉伯特说："有些在操场上玩的小孩子需要人帮一把，你和你的朋友们既然都在操场上玩，作为大哥哥，你是不是可以让朋友们在操场上照顾那些小朋友？比如，给荡秋千的小孩子推一把，给走平衡木的孩子拉一把。"热心肠的吉伯特觉得妈妈的建议很好，就满口答应。吉伯特和他的朋友们从此之后非常尽职地在操场上义务帮助那些幼小的孩子们。

吉伯特能够让周围的孩子聚在自己的身边，说明他不仅懂得如何跟人交流、沟通和合作，而且也说明他拥有影响别的孩子的潜能，因此，吉伯特可能具备一定的领导才能和组织才能。妈妈适时发现了吉伯特这些能力，并把这些能力转换成正能量，让吉伯特带着伙伴们为大家做好事。

从孩子性格入手，发现潜能

心理学家根据人的心理活动倾向于外部还是内部，把人的性格分为外向型和内向型。一个人的性格没有好坏之分。美国哈佛大学的一项研究显示：儿童大概从两岁开始就在自制力、易感性和性格方面有了差别。而孩子的性格特征也常能显示其自身天赋。

密歇根大学的研究人员对125名3～10岁的孩子在与别的孩子意见不合时的反应进行了长达20年的研究，并对孩子性格的分类做了研究，结果显示：在幼儿时期，意见遭到否定就落泪的孩子，特别敏感且感情细腻，拥有丰富的内心世界、长大成人之后多数在艺术方面有所作为；那些喜欢深思熟虑，从言语上设法论证自己的孩子，长大之后常常成为记者、法官和律师。

因此，孩子的性格和气质差异，也影响其潜能的发展。在日常生活中，父母可以根据孩子对周围事物和人物的反应程度是平静还是热烈、是退缩还是进取等来判断孩子的性格。比如，孩子被老师批评之后，是一蹶不振从此丧失了学习的兴趣，还是一笑了之，有错就改？

父母也可以从孩子的社交能力判断孩子的性格：看到生人或者处于陌生的环境时，是显得忸忸怩怩、局促不安，还是落落大方、能说会道？

那些活泼好动、充满活力、永不知疲倦的外向型孩子，不管遇到多大的困难都能找到方法克服困难的孩子，可能拥有很强的执行力；注重细节、做事井井有条的孩子，常常具有敏锐的观察力，可能拥有探索世界的潜能；善于察言观色，待人体贴入微，乐于帮助别人，可能天生就是一个外交家；“慢性子”，总是要经过一番深思熟虑之后才付诸行动的人，可能具有设计、策划的潜能。

著名儿童心理学家皮亚杰曾说过：“孩子的潜能是个巨大的宝库，要仔细观察和发现，懂得开发。”只要父母能够在日常生活中认真仔细地观察孩子，就能找出他们身上那些闪光点。父母应该从孩子的兴趣、行动和性格出发，挖掘孩子的潜能，把孩子培养成为一个有才能的人。

给孩子一个安全的环境

要发现孩子的潜力，最重要的是给孩子创造一个舒适、安全的环境。在这个环境中，孩子可以自由地探索、发表自己的意见和看法。著名的心理学家和教育家玛丽亚·蒙台梭利创立的蒙台梭利早教的第一个要求就是给孩子创建一个准备好的环境。这个环境不仅包括物质材料，也包括环境之中温馨、平等的氛围。在这种自由的氛围下，孩子不仅能在精神、情感和身体各方面得到全面发展，也更能毫无障碍地显现出自己的才能和特征。试想，一个活动范围禁锢于婴儿床、游戏床、家庭等封闭环境之下的幼儿，或者因为经常受到父母的批评或指责而感到惴惴不安、情绪不稳的孩子，如何能够正常发挥自己的天赋？因此，父母在孩子出生之前，就可以对家庭中不安全的地方采取安全措施。比如，把家中所有未使用的电源插座用安全插头盖住，在楼梯底部安装儿童安全门锁，把家中所有的药物和清洁剂放进上了锁的柜子，确保孩子可以在安全的环境下自由探索而展现出自己独特的能力。

父母更要给予孩子一个情感安全的家庭环境，让孩子明确感受到父母对他无条件的爱和信任。每个家庭成员都应是平等的关系，父母和孩子之间更应互相尊重。孩子就是做错了事情，父母也不能使用消极的语言羞辱孩子。比如，“你这个蠢猪，我告诉你多少次了还不记住。”“你怎么总是那么笨拙，一个杯子也拿不住，真丢我的脸。”“你为什么不能像你表姐一样考试得个好成绩？我给你买了那么多的学习资料真是浪费钱了。”

只有在平和、稳定的环境下，孩子才能够毫无隐瞒地、充分向父母展现自己的特质和个性。

细心观察，记录孩子的特点

在生活中，每个孩子都在不停地展现自己的天性和特质。而世界上，没有人比父母更了解自己孩子，更能发现他们的天赋。因此，父母应该用心观察孩子的表情动作和行为特征，认真记录下孩子所表现出来的点点滴滴，包括孩子的兴趣、独特的行为和处事方法等，并适时赞扬孩子身上的闪光点。有时即使在常人眼中的缺点，也有可能正是孩子的天分所在。

父母通过在生活中不停地观察，记录孩子成长过程中看似琐碎的、毫不起眼的举动和行为，从那些蛛丝马迹中归纳孩子个性特征，发现他们的兴趣和天分，从而进行培养。

给孩子时间让他们做喜欢做的事

畅销书《自由学习：为何解放玩耍本能将使孩子更快乐、更自立、更适应人生》的作者、研究儿童玩耍的演变及其作用的波士顿大学发展心理学家彼得·格雷根据自己的研究指出：玩耍是孩子的天性，自主学习和自由玩耍给予孩子最佳学习、成长的能力和机会。在这种不受成年人干涉、自由的氛围下玩耍的孩子，没有压力，因此最便于父母发现他们的潜能。

自由玩耍能使孩子变得更具创造性，让孩子发现自己的兴趣和激情所在。

04 让孩子自觉起来，学习无须父母“推”

当孩子爱上一件事时，他们就愿意自觉地投入时间和精力，有时就是再苦再累也不怕。因此，作为父母，我们的工作就是给孩子创造条件、提供机会，让孩子在亲身体验中找到自己的兴趣点，并把兴趣点和学习的内容挂起钩来。

朋友伊丽莎白每年9月新学期开始之前，会让8岁的大女儿贝蒂和6岁的小女儿艾米莉列出自己开学之后最想做的10件事。而4岁的小儿子科德还不会写字，伊丽莎白就让他说出自己的愿望，让贝蒂帮他写出来。接着她让孩子们从自己列出的10件事中，选出最想做的3件事。在孩子们作出选择之后，伊丽莎白就会放手，让孩子们尽情去体验。如果孩子们对绘画表现出兴趣，伊丽莎白便在生活中给孩子们提供接触绘画的机会，让他们尽情享受绘画的乐趣。包括定期带孩子参观美术馆，和孩子一起看画册，阅读有关绘画的书籍和资料。如果孩子想画动物，伊丽莎白就给孩子介绍他们画的动物的特征、生活习惯等知识。如果孩子喜欢画人物，那么伊丽莎白就让孩子运用想象力，为自己画中的人物编故事。此外，伊丽莎白还不时加入孩子的绘画活动中，和孩子们一起拿起画笔，画动物、画花草。尽管伊丽莎白觉得自己没有绘画的天分，但孩子们因为妈妈的参与而受到极大的鼓励。在伊丽莎白的推动下，孩子们通过绘画学到了动物的知识，丰富了他们的想象力、创造力，提高了写作能力。

经常有父母抱怨孩子不爱学习，每天没有父母的提醒从不主动做作业。很多时候，孩子必须在父母的陪伴监视之下才能完成作业。因此父母常常批评孩子，但孩子无动于衷，毫无效果。为此父母非常烦恼，怎样才能让孩子自觉学习呢?

教育家苏霍姆林斯基说过："儿童的心灵是敏感的，它是为着接受一切好的东西而敞开的。"从出生起，孩子就开始了探索世界之旅。如果我们仔细观察就会发现，孩子常常对周围的事情产生浓厚的兴趣。即使是一条爬行的小虫，一朵无名的小花都会使孩子们如痴如醉。对于他们喜欢的事情，他们不仅会提出各种稀奇古怪的问题，还愿意花时间寻找答案。因此我们可以说，从本质上来说，孩子并不是不爱学习。那么他们为什么不愿自觉学习?如果要让孩子自觉学习，父母应该怎么做?

帮孩子找到自己的兴趣点

历史系教授欧文有一个10岁的儿子叫佩里，佩里非常喜欢玩电脑游戏，希望父母给他买一台计算机作为生日礼物。佩里的父母答应了。但爸爸也向佩里提出了要求：要买计算机，佩里必须做些研究，比较各种计算机的功能，看看哪种计算机适合他的需要。佩里毫不犹豫地答应了爸爸的要求。自那天起，佩里每天在网上搜索有关计算机的信息，又反复几次让父母带他到电子用品商店，向店员请教。在大家的帮助下，经过不断比较，佩里发现自己组装的计算机和现成出售的计算机相比，性价比更高，更符合自己的需求。接下来的问题是：如果买零部件装一台计算机，请谁来装？请计算机店的店员，还是自己学着装？妈妈告诉佩里："如果你想学装计算机的话，我有一位懂计算机的朋友愿意教你。"爸爸一听，也鼓励佩里："何不趁此机会学习一下？想想自己组装电脑，多酷啊！"佩里接受了父母的提议，那天叔叔来教佩里装电脑，佩里在叔叔旁边打下手，忙里忙外，一刻也不停。一个周末，叔叔和佩里一起装好了电脑。

上文中的佩里想要计算机的出发点是为了玩电脑游戏，想必这是大多数的父母都不愿看到的事。但佩里的父母没有简单地拒绝佩里，而是把佩里要玩电脑这个兴趣转变成佩里学习的动力。通过买电脑，佩里不仅学习了许多电脑知识，更通过亲手组装电脑，培养了他的动手能力。相信佩里因为买电脑而学到的知识很难忘记。

每个孩子的个性不同，他们的兴趣也有差别。有的孩子喜欢阅读、写文章，不擅长数学，而有的孩子相反，一碰到数学就兴奋，也愿意多花时间学数学。当孩子爱上一件事时，他们就愿意自觉地投入时间和精力，有时就是再苦再累也不怕。因此，作为父母，我们的工作就是给孩子创造条件、提供机会，不要总把他们关在家里、培训班中。节假日，带孩子外出参观、旅游，让他们接触不同的事物开阔眼界和思路。孩子在亲身体验中找到自己的兴趣点，并把兴趣点和学习的内容挂起钩来。

培养孩子良好的感受，让他对学习有信心

心理学研究表明：一个人只要体验到一次成功的喜悦，就会激发他100次追求成功的欲望。即使孩子在学习中只是取得了微乎其微的进步或

成绩，父母都要及时表扬孩子，指出孩子取得的成就。如果孩子画完了一幅画，父母可以告诉孩子："画这幅画你动了很多脑筋，非常棒。妈妈为你骄傲。"父母还可以问孩子："当你尽最大的努力完成了作品，有何感受？"这样的交谈可以启发孩子，让他们为自己作出的努力而感到自豪。在此基础上让孩子找到激励自己的内在动力："我很擅长画画，而且画画让我感到高兴、自豪，所以我更愿意画。"

经常有父母使用传统的"胡萝卜+大棒"的方法来激励孩子：如果考试得满分，或者成绩达到班级中的前10名，就给孩子买喜欢的玩具。父母期望通过给孩子奖品以激起孩子的学习热情，但过多的奖励有时也并不见得有效，因为奖励只是外在动力。如果要让孩子真正爱上学习，养成自觉学习的好习惯，那就要让孩子找到内在动机：我愿意学习，因为学习能够带来美好的感受。当然，我们不是说为了要让孩子有良好的感受，一碰到学习上的困难就同意让他们轻易放弃。父母要教育孩子的是：学习是一个过程，让孩子明白只有付出努力才能战胜学习和生活中的挑战，取得成绩。而只有这种经过努力之后取得的成功才能给自己带来巨大的喜悦和成就感。

鼓励孩子，为孩子付出的努力而喝彩。让孩子明白，无论他们成功与否，有没有考出好的成绩，父母都为他们所作的努力而感到骄傲。只有付出努力，愿意尝试，才能品尝最后成功的喜悦。

关注学习，而不是分数

尽管从心里来说，我们每次看孩子的成绩单时都希望看到好成绩，但父母更应该让孩子明白的是：勤奋、努力比成绩更重要。父母更不能因为孩子考试成绩不好而责骂孩子，给孩子压力。

曾经有位妈妈向我诉苦，她为孩子的成绩而烦恼，有时甚至想到了要自杀。她说：

“曾经是老师、父母眼中那么优秀的一个孩子，可现在就是不能静下心来学习。尽管孩子在校外辅导班考试还行，但一到学校考试就考砸，因此现在一碰到考试就烦…… 孩子的成绩让我绝望。我因此每天和孩子谈，软硬兼施，但孩子的成绩还是一直下滑。就连最喜欢的语文，从班级里的前10名到现在成了倒数第一。孩子每晚趴在书桌前学习到深夜，累得长了一额头的痘痘。但我找不到孩子的问题所在，感到受不了这种煎熬，太累了！真想一死了之！”

其实从这位妈妈的讲述来看，这个孩子非常不错，学习自觉，课堂上认真听课，每天学习到深夜。孩子在校外考试也不错，说明她掌握了应有的知识，她还是有基础和潜力的，那么为什么孩子到了真正的战场就考砸了？

设身处地地想一想：这位孩子非常爱学习，应该是一位不用父母操心的孩子，她一定也因为成绩提不高而感到焦虑。当她还没有找到方法来打破学习上的瓶颈、有效释放自己的焦虑时，妈妈的催促和焦虑给她带来了更多的压力。为此，她可能会顶撞妈妈。如果妈妈因为孩子成绩不好而自责，甚至想要自杀，妈妈的这种心态只会给孩子造成更沉重的思想负担。带着这样的思想包袱考试，孩子一定患得患失，考砸了也很正常。美国芝加哥大学心理学系教授苏珊·莱文对小学1～2年级孩子数学学习所作的研究显示：孩子的数学学得好不好，与父母和老师的焦虑情绪有关，而且儿童早期的数学知识掌握程度与他们以后的数学成就有关。

由此可见，妈妈对孩子学习成绩和名次的过度焦虑给孩子带来了负面的影响，并在心理上对孩子造成了伤害，使孩子对学习失去了信心。教育孩子是一个漫长的过程，不能操之过急，更不能用一种焦虑的心态去对待。正确的做法是：妈妈首先应该调整自己的心态，忘掉名次和分数，让孩子丢掉包袱，轻装上阵。加拿大卑诗大学教育系教授桑德拉·马石逊认为，父母若想鼓励孩子提高成绩，就应当避免过分注重成绩单上的结果。

在孩子的成长过程中，学习和考试的成绩只是生活的一个方面。父母应该让孩子明白：尽管成绩很重要，但这不是衡量人的唯一标准。不管成绩如何，父母最希望的是孩子快乐。因为世界上没有一件事比孩子的身心健康和自信更重要。

把书本知识和现实结合起来

把书本的知识和现实生活联系起来可以让孩子认识知识的用途。

尼克勒斯在家喜欢和女儿丽萨玩扑克游戏，以此来训练女儿的口算能力。比如，爸爸出一个“5”，丽萨得想出一个能够和“5”凑成“10”的牌。用“3”计数，丽萨就得说出3、6、9、12等一连串的数字。尼克勒斯带丽萨去超市时，会让丽萨称一称1个苹果是多少克，并问她换算成公斤的话是多少。就这样，尼克勒斯在带孩子玩的过程中提高了孩子的计算能力，更激发了她学习数学的兴趣。

由于受客观条件的限制，很多时候老师无法把全班学生带出校园，亲临自然，给孩子更多的生活经验和感受，那么父母就可以担当起这个任务，带孩子感受自然，积累生活经验，有了实际的体验，才能把书本中的知识和实际生活结合起来。我们都知道看过大海的孩子通常比没有见过大海的孩子更愿意学习有关海洋的知识，那是因为孩子看到了学习的真正意义。

当孩子能够把课堂上的知识用在自己的生活实践中时，他们会爱上学习，也更愿意学。如果父母一味地对孩子说教，只让孩子埋头于书本中、课堂里，那么很难调动孩子对学习的热情，也无法培养孩子的自觉性。父母应参与到孩子的学习之中，顺应孩子的天性，才能有效激发孩子的学习自觉性。

05 从花钱之中学理财

孩子能否学会正确的理财方法并不取决于他们的年龄，而是取决于诸多因素，如兴趣、能力、需求和理解等。94％的孩子从父母那里学习资金管理技能，主要是通过观察父母或者周围成年人对金钱的处理方式获得。

周末，我们一家和朋友雪莉一家驾车去芬迪国家公园野营。雪莉毕业于加州理工大学，是我校经济系的教授。夫妻俩有个6岁的女儿名叫朱丽叶。途中，我们来到了一家加油站加油。加油站的小卖部出售一些旅游纪念品。加完油，雪莉正要付油费，朱丽叶拿着一只红色的、标价15加币的毛绒龙虾玩具兴冲冲地来到柜台前告诉妈妈：她很喜欢那只龙虾，非常想买。雪莉看着朱丽叶，微笑地说道："好的，你当然可以买。"朱丽叶一听，喜笑颜开。接着雪莉补充道："不过得用你自己的钱。"朱丽叶的笑容慢慢地消失了，说道："那让我想一想。"她拿着那只龙虾在商店中走来走去，仔细盘算用自己的钱买这只龙虾的利弊。当我们离开商店时，她把龙虾放回了货柜，说道："我已经有了一只塑料的龙虾，我想我并不真正需要这个龙虾毛绒玩具，我们走吧。"

事后，雪莉告诉我："以前朱丽叶看到什么都想要，不给买还要吵闹。这次出发之前，我给了朱丽叶20加币，告诉她，这个周末，她可以自由使用这些钱，但如果她用光了，就没有了。我要让她明白，钱不是取之不尽的，花光了就没有了。因此一定要量入为出。所以我想她现在比较小心，不想一下子就把钱用完。作为经济学教授，我觉得要从小教会孩子合理花钱，给他们一点儿钱花，目的是让他们在花钱的过程中懂得金钱的价值和学会合理使用金钱的方法。”

孩子的理财意识与能力并不是天生的，需要父母在生活中慢慢培养。我曾经收到国内许多博友的来信，他们都在向我咨询如何培养孩子的理财技能。2014年5月，《羊城晚报》的一则报道指出：“最新一期关于少儿财商意识的调查显示：超过八成（81.3%）的父母肯定理财教育的价值，但是家长对什么是理财、什么是理财教育、如何开展家庭理财教育缺乏正确的认知……调查还显示，虽然一半（50.1%）的家长愿意对孩子进行理财教育，但是苦于找不到什么好方法；只有25.4%的家长已经开始或正在对孩子进行理财教育。”由此可见，如何对孩子进行理财教育是现代父母的一个重要课题。

其实，孩子能否学会正确的理财方法并不取决于他们的年龄，而是取决于诸多因素，如兴趣、能力、需求和理解。美国个人经济素养快速启动联合会的研究报告称：94%的孩子从父母那里学习资金管理技能，也就是说孩子的理财能力是孩子通过观察父母或者周围成年人对金钱的处理方式获得。此外，在生活中，孩子通过自己的体验和参与学会理财的技能。

0～10岁孩子的理财课

年龄	特征	活动
0～2岁	这个年龄段的孩子还没有钱财的概念。他们尽情玩耍，用嘴、用手、用脚体验物体的质感、形状。	蹒跚学步的婴幼儿常会被硬币吸引，他们会用嘴巴、手去感受硬币。为了安全，父母要教育孩子不能把硬币放入口中。但可以和孩子玩一些硬币的游戏： □ 把硬币放进一个塑料瓶，或者玻璃瓶让孩子摇动瓶子，倾听硬币发出的声音，观察上下跳动的硬币。 □ 把硬币放进水中，看看是不是会下沉。 □ 把硬币嵌入橡皮泥，看看橡皮泥上硬币的图形。
3～4岁	这个年龄段的孩子还没有很好的注意力、时间感和计数能力，分不清大小，也不能耐心等待。他们的抽象思维也没有形成，因此，常常认为"大的东西更值钱"，开始意识到买东西需要钱。由于喜欢立马看到结果，因此，一有钱就想用，让他们存钱很不容易。	□ 把硬币给孩子玩，学习识别硬币的大小，让他们数有多少个。 □ 在家中做"寻宝游戏"，让孩子找出硬币，并让孩子把找到的硬币根据币值分类。 □ 玩"购物"游戏，买卖物品。比如，让孩子从妈妈那里买书、买糖果。父母和孩子讨价还价等。 □ 带孩子去超市，在付款处，让他们帮着数购物车中的物品，练习数数。 □ 让孩子明白有些东西不能用金钱衡量。比如，和朋友共享的美好时光。 □ 培养耐心、学会等待。孩子要一块饼干，父母可以告诉孩子："如果可以等10分钟，就可以吃2块饼干。"
5～6岁	这个年龄段的孩子只有有限的专注能力。很难在物品之中作出选择，多数孩子还没有完全识别钱币的能力。	□ 有些父母从孩子6岁起，给孩子发放零用钱。 □ 设置储蓄罐。 □ 带孩子度假时，给孩子一定数量的钱，孩子可以在父母同意下选择购买自己喜欢的东西。 □ 玩"开店、购物"游戏，进一步帮助孩子认识各种钱币的面值。

（续表）

年龄	特征	活动
5～6岁		□ 去超市之前，给孩子2元钱，让他们决定自己想要购买的水果。 □ 了解钱币的多种用途。比如，购物、度假、交学费等。
7～8岁	已经具有基本的计算能力，掌握钱币之间的换算方法。通常会高估金钱的购买力，但开始对物品的数量、质量和价格进行评估。	□学习、掌握金钱（角／元）的换算。 □ 如果还没有开始给孩子零用钱，现在可以给。 □设置银行储蓄账户。 □让孩子帮忙寻找打折的商品。 □ 了解收据的重要性。（可以退还购买的物品，帮助记账。） □记账、查查收支平衡。 □鼓励孩子做家务挣钱。
9～10岁	这个年龄段的孩子已经有了等待的能力。他们能够熟练地换算钱币。明白用于购买物品的那部分钱就不能再买别的东西。有预算的能力，也更乐于为买更贵的物品而储蓄，有挣钱的欲望。	□ 学会看广告，了解物品的单价，学会比较价格。 □学会区分“必需”和“要”。 □ 制作想买东西的清单，让孩子为储蓄设立目标。 □ 每年去银行2~3次，把攒起来的钱存进银行账户。 □ 收到银行月结单时，给孩子看他们储蓄所获得的利息。 □让孩子设计、准备自己的生日派对。 □ 让孩子认清有些看似免费的东西，其实并非如此，那是因为商家促进消费的一种手段。

教育孩子理财，北美父母通常有意识地从以下四个方面出发：（1）让孩子懂得劳动和金钱的关系。（2）为目标而储蓄。（3）明智的消费观。（4）捐赠和分享。

让孩子懂得劳动和金钱的关系

通常来说，孩子的金钱来源大致有以下几个方面：

◎父母随意给予

有些父母在给孩子钱时没有什么计划，有时根据孩子的需要，有时根据自己的心情，有时根据自己的经济状况，随意给孩子钱。这种做法的缺点是孩子没有机会学习预算和计划。

◎奖励

为了刺激孩子的积极性，有些父母给孩子各种奖励。比如，期末考试成绩考好了，奖励100元；比赛得了第一名，奖励500元。原则上，我认为，学习是孩子工作的一部分，因此他们应该尽自己的努力得到好成绩。父母不应该因为孩子考了好成绩而给孩子过多的奖励。这样的奖励，如果使用不当，可能会变成贿赂。

◎礼金

某些特殊的日子，父母、长辈或者朋友会给予孩子礼金。如果是小金额的礼金，父母可以让孩子自己管理。但如果是大额礼金，父母需要和孩子讨论如何处置。

◎零用钱

父母根据孩子的年龄，每周或每月给予孩子一定数目的金钱。这笔钱，父母要和孩子约定如何使用。据2012年美国注册会计师研究所的调查发现，61%的美国父母通常在孩子8岁时开始给孩子零用钱。至于给多少，父母可以视自家的经济情况决定。在北美，一个比较流行的法则是：父母每周给孩子的零用钱和孩子的年龄相等。比如：一个8岁的孩子，每周可以拿到8美元的零用钱。

◎ 靠劳动挣得的金钱

有些孩子通过在家做家务、在外打工挣钱。在北美，许多父母要让孩子明白金钱不是简单地从ATM机器随意取来的，每一分钱都是我们的辛勤劳动换来，也就是说金钱是劳动的报酬。父母常常鼓励孩子通过做家务挣钱，这么做，可以帮孩子懂得金钱和劳动之间的关系。此外，美国和加拿大每年都有一天“带孩子上班日”，公司鼓励父母带孩子到自己的工作场所，观摩和体验父母的工作，以了解父母工作的艰辛和赚钱的不易，让孩子更珍惜劳动所得。

为目标而储蓄

当孩子想买昂贵的物品时，父母可以鼓励孩子储蓄，帮助孩子做预算，计划每个月需要存多少钱，存多久才够。

8岁的必利喜欢乐高，特别是其中的星球大战系列。看着新收到的乐高星球大战产品画册，他画出了自己想要的那几套乐高，告诉妈妈阿曼达这就是他想要的圣诞礼物。阿曼达笑着告诉必利：“这些玩具都很好，我也很喜欢。你把你想买的乐高的名字和价格都记在一张纸上，以免我们忘记。”必利马上拿出笔来，把自己喜欢的乐高一一记录下来。

妈妈看了看必利的单子，笑着说：“你知道买这些乐高一共要多少钱吗？”必利拿出笔，一项一项地加了起来：“哇，这么多，947.91加币。”妈妈答道：“是呀，再加上消费税，这些乐高要远远超过1000加币了。”必利想了想：“一下子不能买这么多，那就先买几套，余下的，我把零用钱存起来买。”妈妈说：“好主意，我们计划一下怎么存钱好不好？”必利说：“把我的零用钱全部存起来买乐高。”妈妈问道：“这么做的话，乐高之外的东西你就没钱买了呀。假如你和妈妈一起出去，连买冰激凌吃的钱也没有了。”必利马上说：“对，那不能把钱都用在买乐高上。”妈妈向必利建议：“是不是可以把零用钱分成4份？比如，30%用来消费，这部分钱买你自己想要买的东西；40%用来定期存款，攒够钱后来买大型的乐高玩具；20%用于投资，可以考虑用这些钱作资本去赚钱，比如夏天买柠檬水的材料，去卖柠檬水；10%用于捐款，我们可以用一点儿钱帮助不幸的人们。你觉得这么做如何？”必利点头赞同妈妈的方法。接着妈妈又告诉必利：“如果你想快点攒够钱的话，在完成自己的家务之后，还可以帮妈妈做更多的家务挣钱。”必利一听有机会赚钱，兴奋地表示自己非常愿意。妈妈又向必利提议：“我们用4个玻璃瓶做储蓄罐，每个储蓄罐上标上名称，每周你拿到零用钱后，就放进各个储蓄罐中。”必利非常兴奋地同意了妈妈的提议。

通过让必利计算乐高的价格，妈妈阿曼达让必利了解了金钱的购买力。当必利意识到价格太高时，阿曼达及时提出让必利通过攒钱来买乐高的建议。通过与必利探讨如果把钱全花在买乐高上会导致无法购买其他物品，阿曼达成功达到了目的——让必利学会为自己的目标把钱储存起来。

做任何事时，如果我们有了目标作为动力，那么成功的希望也就越大。对于孩子也是如此，因为有了目标，他们的储蓄也就更有意义。此外，父母可以经常和孩子一起查看存折，因为随着存折上钱数的增长，孩子设定的目标也就变得触手可及。这样可以给予孩子进一步存钱的动力。

通过储蓄罐，抽象的储蓄概念就变得具体起来。在储蓄的过程中，孩子不仅学会设定了目标，还养成了自我控制的能力。当看到储蓄罐中渐渐装满的钱币时，孩子就可享受到积累带来的乐趣与成就，更重要的是孩子还得到了能够让他终身受益的意志力和计划性。

此外，父母还可让孩子明白储蓄能为自己提供更多财务上的独立和自由，能确保自己想做的事情可以做。父母和孩子谈论储蓄的重要性时，应考虑从以下几点向孩子说明：

- 储蓄可以防备意外。由于有了现金储备，我们不会在紧急需要现金时向人借债。
- 储蓄不仅可以为自己提供经济安全的保障，还可以获得利息，让钱生钱。
- 储蓄可以帮助自己实现短期、中期或者长期的目标。

明智的消费观

现在的孩子生活在物质丰富的年代：玩具应有尽有，衣柜里装满了各种流行服饰，不停更换智能手机、游戏机和其他昂贵的小配件。经常听到国内父母说的一句话是：再穷也不能穷孩子。许多父母节衣缩食，什么也舍不得为自己买，却在孩子的花销上大手大脚，有求必应。经常给孩子买名牌产品，孩子也因此养成了“只有贵的才是好的”的观念。

理财教育中一个重要的方面是培养孩子控制金钱的能力，帮孩子树立正确的消费观，让孩子合理消费。通常，刚开始学习消费时孩子难免比较任意和盲目。父母要让他们明白如果不小心会轻易花光来之不易的储蓄，就会变得一无所有。

如果孩子向妈妈提出要一个价值不菲的品牌游戏机，妈妈可以告诉孩子自己工作一天能挣到的钱是多少，如果要买一个这样的游戏机，需要工作好多天才行。还可以和孩子聊聊家庭开支，把各种账单给孩子看，还可以告诉孩子，每个月需要花费多少钱购买日用品、必需品。

培养孩子正确的消费观，父母要帮助孩子做到以下几点：

◎把钱花在刀刃上

■ 避免冲动购物。在生活中，父母可以把需要购买的东西做成购物清单，只有在需要特定物品时才上商店、超市购物。购物时带上购物清单，这样可以避免冲动购物，只购买需要的物品。也可以在买东西之前，仔细审视，权衡利弊。

■ 货比三家。在购物之前，鼓励孩子去不同的商店比较商品价格，让自己成为一个理性的消费者。

■ 分清“需要”“想要”之间的区别。带孩子购物时，父母可以自问“我是否需要这个”“这样的东西我是不是可以向人借来用”。

■ 鼓励孩子买打折商品。让孩子学会等到商店出售打折产品时购买他们想要的物品，这样可以省钱。也可以使用优惠券，许多超市和商场会有优惠券，让孩子学会使用优惠券购买来省钱。

◎正确认识广告

现代社会，父母都愿意为孩子消费，而孩子的趣味常常会影响父母的购买决定。自20世纪60年代，儿童第一次被定为市场营销目标开始，越来越多的企业在电视与网络上投放广告，向孩子推销自己的商品。父母要让孩子明白广告是市场营销手段，旨在拉动消费。而很多时候人们在不知不觉之中受广告的影响而购买了许多不需要的东西。因此，让孩子明白，如果我们理性消费，那么存下的钱可以帮助我们建立一个坚固的经济基础。父母可以：

- 限制孩子看电视与上网的时间。半数以上的加拿大孩子平均每天看电视的时间约为2个小时，这样他们每年看的广告超过两万条。而许多幼童不能把广告和电视节目区分开来。因此，父母应该把孩子每天看电视的时间控制在2个小时以内，更不要在他们的卧室内放置电视或联网计算机。
- 让幼儿明确广告的目的。告诉孩子电视广告和商场广告主要是为了促使我们买他们的东西或服务。也就是说，播放或张贴广告是为了让我们花钱。
- 明辨是非，正确认识广告。和孩子讨论广告内容。比如，广告中所描述的那个物品是不是真的具有那些功能？广告中所说的特价是真实的吗？
- 让孩子明白不需要为了取悦别人，或者满足自己的虚荣心而购买名牌物品。

捐赠和分享

培养孩子给予和关爱别人的习惯和品质可以让孩子成为有思想、有深度的人。孩子的朋友过生日时，父母可以要求孩子用自己的钱给朋友买礼物，也可以鼓励孩子在节假日为来自贫困家庭的孩子捐赠礼物。父母可以让孩子明白能够经常无私帮助别人的人，不会是浅薄的，或以自我为中心的人，他的整个心态将是平和的、积极的。通过给予，孩子可以学到人生的重要价值，也可以培养无私的情怀。

总之，要让孩子学会理财，父母首先要具备理财的基本知识，比如，如何存款、预算或者投资。因此，为了教孩子理财，父母首先要给孩子树立良好的榜样。

06 体育能力，孩子成长不可缺少的营养剂

把运动和学习结合起来，是孩子取得高效率学习效果的有效方法之一，也最符合孩子的需要，因此说学习和运动并不矛盾。因为运动不仅能提高孩子的身体素质，还对孩子的心理发育、品格培养以及学习能力等都产生重要影响。

心理学系实验室老师维奇和在化学系工作的先生巴顿有两个孩子：10岁的雅阁和7岁的艾玛。雅阁5岁起，巴顿就在小镇组建了儿童棒球队。这个棒球队吸引了小镇众多的孩子参加。每年1～6月，尽管加拿大的天气还没有转暖，巴顿就带着棒球队的孩子们不是训练，就是和临近城市的棒球队进行比赛。7月和8月，几乎每个周末，巴顿都会带着他的棒球队，转战东部几个城市参加各种比赛和锦标赛。而棒球队其他球员的父母也总是抽时间去当啦啦队队员。

暑假一过，新学期开始，女儿艾玛参加了游泳队，放学后每周2次训练。而儿子雅阁则进了加拿大孩子中最热门的足球队和冰球队，一周中每天都有训练。巴顿周末又得为孩子参加各种不同的赛事而当车夫，穿梭在东部大西洋三省的各大城市。可以说，巴顿夫妇的生活完全是以孩子们的体育运动为中心的。

像巴顿夫妇这样每天忙着带孩子到处运动的父母在加拿大非常普遍。北美，特别是0～10岁孩子的课外活动常常以参加运动为主。在北美父母之间，如果有年龄相当的孩子，平时喜欢谈论的也是运动比赛一类话题。即使是级别很低的比赛，很多时候大家都是拖儿带女全家前往观看，为孩子们呐喊助威。

国内一些朋友告诉我说，尽管他们也希望孩子能够参加各项运动，但实际情况是：现在的孩子每天面临巨大的学习压力，他们从早到晚有做不完的作业、背不完的课文，许多孩子每天除了学习就是学习。在这种情况下，自己就是想让孩子运动也不行，有时甚至也会隐隐地担心如果孩子把时间放在运动之上岂不是浪费了孩子的时间和体力。

其实，孩子的学习和运动并不矛盾。学习负担越沉重的时候就越需要运动来减压，否则，孩子真就压垮了。我们常说，身体是革命的本钱。如果没有强健的体魄，孩子就是学习再好，将来也难以肩负起各种挑战性的工作和活动。孩子如果没有良好的体质，那么他们将来在生活和事业上的各种选择会受到一定程度的限制。因此说，把运动和学习结合起来，是孩子取得高效率学习效果的方法之一，也最符合孩子的需要。因为运动不仅能提高孩子的身体素质，还对孩子的心理发育、品格培养以及学习能力等都产生重要影响。

运动促进大脑的发展

加拿大皇后大学教授、人体运动学与健康研究学院负责人、青少年运动专家让·科特迪瓦博士曾说过："体育，除了输赢、发展体育技能之外，还有多方面的益处。在正确的条件下，青少年运动可以帮助孩子获得个人和社会技能——作为一个公民应有的品质——而这些品质将永远伴随着孩子的一生。”科特迪瓦教授的这些话也得到了脑科学研究的印证。

尽管至今还没有具体研究数据证明“运动提高人体的智商”，但在科学家看来，将运动员与傻瓜画等号的思维定式不足取。近年来，更有北美众多脑神经专家、心理学家的研究显示，运动对人体脑神经的活动具有重要的作用。美国达特茅斯学院心理学和脑科学副教授大卫·布奇在2012年5月的《神经科学》杂志撰文指出：运动对青少年的记忆力和大脑的影响比对成年人的影响效果更持久。布奇还分析了运动提高学习和记忆能力的机制。在发育阶段，大脑正在不断生长，除了促进大脑的正常发育，运动也促使大脑发生改变，从而提高学习和记忆等各种能力。从这一点看来，早期运动似乎非常重要。

美国佐治亚州立大学的运动科学教授菲尔·汤姆伯罗斯基认为，运动对少年儿童的智力发育影响更大，因为运动会对发育中的大脑产生更持久的效果。美国伊利诺伊大学社区健康及运动机能学教授、神经认知运动学实验室主任查尔斯·希尔曼博士的实验显示：三年级和五年级的小学生进行体能训练后，不仅是执行力得到提高，计算和阅读能力也有所提高。

由此可见，运动在一定程度上可以增进大脑的机能。因此每天挤出一点儿时间，让孩子参加运动，并不是浪费孩子宝贵的学习时间，而是可以借助运动增强孩子的记忆力，提高孩子的学习效率。

运动改善孩子性格

众多运动心理学研究显示，体育运动和人的性格有着非常密切的联系。通常来说，体育运动需要一定的心理品质作基础，一个患得患失、害怕在公共场合受到别人关注、不懂与人合作、没有坚强毅力的人就是参加了体育运动也很难从运动中感受乐趣和体验成功的喜悦。因此，父母可以从孩子性格中不足的部分出发，选择合适的体育项目，有针对性地帮助孩子克服性格上的缺点，促进孩子的心理健康。

个子瘦小的凯瑟琳尽管做事非常认真，但性格腼腆，遇事容易紧张。有时候家里有客人来，除非是凯瑟琳喜欢的客人，否则她都是躲在自己的房间里，避免见客。凯瑟琳喜欢唱歌，但她从不愿在人前表演，只有独自一人时才轻声歌唱。一天，妈妈带凯瑟琳去海边游泳，凯瑟琳对游泳表现出极大的兴趣，妈妈就鼓励她参加小镇上的游泳俱乐部。因为凯瑟琳的好朋友也在游泳队，妈妈告诉她："你参加游泳队，既可以和好朋友一起玩耍，又可以学游泳。"凯瑟琳接受了妈妈的建议，答应参加游泳俱乐部。俱乐部成员每周训练两次。刚开始上游泳课时，凯瑟琳除了好友之外，从不和其他队员搭话，训练也总是躲在其他队员后面，尽量不引人注目。几个月的训练之后，俱乐部举行了一次游泳比赛，原本犹豫是否参赛的凯瑟琳在好友和教练的鼓励下，勉强报名参赛。初次参赛的凯瑟琳意外赢得了小组第二名，那次比赛给了凯瑟琳很大的自信，她开始接受来自队友的鼓励和友谊。接下来的一年中，凯瑟琳又参加了几次比赛，感受紧张激烈的比赛氛围。经过多次比赛洗礼的凯瑟琳，性格慢慢变得开朗起来，遇事也更显得沉着冷静了。

根据美国体育心理学家教授邦妮·G.布格等人的研究显示：许多体育活动如慢跑、游泳、有氧体操、健美训练、瑜伽、帆船、放松训练等运动形式均有改善情绪的作用。如果孩子在生活中情绪容易紧张、焦虑，那么父母就可以鼓励孩子参加上述活动。因为这些活动能够调节孩子的神经活动，稳定他们的情绪，提高他们自我控制的能力。

如果孩子害羞、不善于社交，那么父母可以让孩子参加团队运动，比如篮球、排球、足球等。因为，在运动中，孩子们可以互相鼓励，互相学习，为一个共同的目标而努力。因此，运动对于性格孤僻、不合群的孩子来说，是一个接触众多孩子的绝好机会，对培养孩子社交能力也有很大的作用。

运动培养孩子的毅力

自2005年以来，一直致力于研究性格对于成功起到的作用的美国宾夕法尼亚大学心理学教授安吉拉·达克沃斯曾指出：无论在何种情况下，比起智力、学习成绩或者长相，坚毅是最为可靠的预示成功的指标。

现今社会，孩子都是家中宝贝，他们吃得好，穿得好，从小没有经历艰苦的磨炼。因此，孩子在成长过程中，一碰到困难很容易放弃，而成功需要坚毅的品质，也就是要向着长期的目标，坚持自己的激情，即便历经失败和挫折，也能坚持不懈地努力下去。巴顿曾告诉我：他的球队共有11个孩子，都是9～10岁。第一次训练就碰上了大雨，孩子们在雨中训练了差不多一个小时，衣服全被淋透，但大家都没有早退。比赛也常常在炎热的夏天举行，孩子们顶着烈日，毫无怨言，更没有孩子因为训练太艰苦而要退出球队。因此，运动给孩子提供了锻炼意志、培养毅力的机会。在运动中，为了取得成绩，孩子不仅需要付出很大的努力，更需要克服各种困难的坚强意志。

运动也给孩子提供了解他人、结交朋友的机会。由于共同的爱好，孩子们就有了共同的话题：今天打棒球的时候，哪个队员上垒的次数最多？这次犯了错误，失去了机会，下次应该怎么做才好？我们都喜欢的体育明星是哪个，他有哪些品质我们需要学习？在运动中，孩子们互相鼓励，互相学习，为一个共同的目标而努力。因此运动对于性格孤僻、不合群的孩子来说是一个接触众多孩子的绝好机会，也对培养孩子社交能力有很大的作用。

0～10岁的孩子应该选择什么样的运动

年龄	运动项目	如何帮助
2～3岁	这个年龄段的孩子处于发展运动技能阶段，比如，走路、在地上爬滚、用铲子挖土、玩滑梯、跑步、搭积木房子、接球和扔球等。 2岁的孩子开始抓住扶手上下楼梯，用脚踢球，用手扔球。3岁的孩子可以学骑三轮车，和同伴玩耍。	这个年龄段运动的主要目的是让孩子们的四肢活动起来。 父母可以经常带孩子到户外去，鼓励他们在新鲜的空气和温暖的阳光中走走、跑跑、跳跳。因为走路、跑步、跳跃是全身的运动，能够锻炼孩子的全身肌肉和节奏。这个年龄段的孩子富有想象力，父母还可以在家中尝试给孩子讲述动物或人物的故事，让孩子把故事中各种动物的动作表现出来。比如，小兔子怎么跳？小猴子怎么走？让孩子在游戏的过程中练习走路、奔跑、跳跃、投掷等基本的运动技能。

（续表）

年龄	运动项目	如何帮助
4～5岁	4～5岁的孩子已经有了基本的运动技能。现阶段的运动可在孩子原有的基础上开发孩子的平衡和体育技能。 这个年龄段的重点是帮助孩子训练平衡和手眼协调的能力。适合这个年龄段孩子的运动有：踢球或者抛球、挥球棒击球、弹跳、跳、双脚跳、跑步、飞奔、在一条直线上或低的平衡木上行走、游泳、骑自行车、爬山、踢足球等。 这个年龄段的孩子还不适宜专业训练，因此孩子不宜参加对抗性、竞技性很强的活动。	父母可以安排时间让孩子和同伴一起玩耍，也可将体能活动巧妙纳入日常生活中，经常以身作则，带孩子在后院或公园玩。鼓励孩子多走、多跑、嬉戏，还可以设计一些有趣的游戏，比如，寻宝游戏、小熊过桥等。 美国加州大学教授及运动心理学者西蒙博士说："对于4～5岁的孩子来说，掌握任何特殊运动技巧并不重要，重要的是他们有机会享受运动带来的乐趣，让他们愿意主动参与。" 孩子在这个阶段所掌握的基本运动技能，如追赶、滚动、跳跃、踢、滚球、跳、走平衡木、跑步、击球等，为孩子在下阶段学习更为复杂的运动技能奠定坚实的基础。
6～8岁	这个年龄段的孩子已经掌握了基本的运动技能，他们做各个动作的身体功能已基本完善，并可以把一些基本运动连接起来完成复杂的运动。比如，孩子可以用棒球棒击中在地上滚动或空中飞舞的棒球，而不仅仅是击中静止的棒球。和幼儿相比，他们玩的时间可以更久。因此他们的身体运动水平有了提高。 这个时候孩子开始对有组织的体育运动或者团队运动有了兴趣。 这个年龄段的孩子可以学习轮滑、跑步、骑自行车、溜冰、游泳、爬山、打篮球、踢足球等运动。	父母可以根据孩子的性格特点，培养他们对体育活动的热爱。如果孩子希望参加团队运动，父母可以让孩子报名参加，但父母要向孩子强调参与运动时所得到的乐趣比输赢更重要。 让孩子尽可能接触各种各样的运动，这样孩子可以对自己的喜好有更好的了解。父母应该赞扬孩子愿意尝试各种运动的努力。

（续表）

年龄	运动项目	如何帮助
8～10岁	这个年龄段的孩子可以参加团队运动。适量运动可以加强他们的心、肺功能并促进肌肉和骨骼的生长，因此运动不断地提高他们的健康水平。由于这个年龄的孩子缺乏大肌肉发展所必需的荷尔蒙，因此肌肉的发育还不健全。 由于孩子们开始有意识地把自己和周围的同伴进行比较，因此有些孩子因为自己没有别人运动能力好而拒绝参加运动。美国公共卫生专家、《儿童健身》一书的作者肯尼思·库珀称：这个年龄段也是孩子运动量开始减少的开端。因此，早期开始参加运动的孩子常常在体育运动中更具优势。而那些在早期没有进行运动的孩子由于惧怕失败而可能放弃运动。因此，孩子的体能发展越早越好。	如果孩子报名参加团队运动，父母在家庭中应给予孩子最大的支持。帮孩子制作训练手册，记录孩子进步的点滴。比如，跑步的速度有没有提高，弹跳的高度有没有增加等。给孩子提供所需的知识和监督。如果可能还可以让孩子进行力量的训练，这样孩子越强壮，他们对体育活动也越有信心。

◎从孩子的兴趣出发选择运功项目

好动是孩子的天性，让孩子参加运动应该是为了丰富孩子的生活，而不是为了将来高考时多加分或是其他功利的目的。因此给孩子选择运动应根据他们的个性和喜好而定，适量安排。 有些孩子天性活泼，不安分，一刻也不能停下来；而有些孩子安静，不喜欢多运动。因此运动选择要因人而异，根据孩子的自身情况和兴趣适量递增地为孩子选择运动，不可一概而论。

对于安静的孩子，父母可以让他们选择游戏趣味性高、运动量小的运动，比如跳房子、扔手绢、踢毽子等；好动的孩子可以选择剧烈的运动，比如游泳、各种球类、跳绳；喜欢冒险的孩子可以参加马术、体操或航海；比较害羞的孩子可以选择个人项目，比如游泳、空手道。

总之，在为孩子寻找合适的运动项目时，最重要的是让孩子真心去享受运动，不要那么机械和功利。如果孩子有挑战自我参加比赛的愿望，父母可以顺水推舟，出钱出力。但要强调比赛重在参与，训练是为了享受挑战自我的过程，不要患得患失，计较成绩、名次、级别。只要父母不为他们设定具体目标，增加各种压力，孩子会对很多运动感兴趣。

父母还可以通过观察孩子的强项和弱项，观察他们的喜好，鼓励孩子尝试各种不同的运动，让他们通过亲身体验，找到适合自己的运动。一旦孩子找到自己喜欢的运动项目，父母就应该支持孩子的选择，不仅为孩子出谋划策，更要出钱出资为孩子购买需要的运动器材。此外，父母还得充当孩子的啦啦队队员，为孩子取得的小小进步而摇旗呐喊，为孩子充当车夫，开汽车往返于训练场接送孩子，使孩子尽可能多地参加运动。

◎全家运动，其乐融融

有些父母逼着孩子游泳，因为游泳可能会给孩子升学加分；棒球碰都没碰过，也要求孩子打棒球，因为朋友的孩子也在学。

这些父母总是希望孩子做一些事情，自己却毫无参与的意识，只是一味要求孩子，那么孩子会有怎样的感想。如果父母对体育一窍不通，也没有向孩子显示自己的兴趣，那么孩子的体育之路也走不远。要让孩子运动，父母首先自己也要动起来。在北美，经常是孩子喜欢运动，而父亲或母亲成为球队或运动队的义务教练。父母还可以和孩子一起报班参加运动。与其只做一个催促孩子的父母，不如利用晚上看电视或打麻将的时间和孩子一起出门遛遛弯儿，这样既给孩子做了表率，又锻炼了身体，更增进了亲子间的关系。

◎减少用车，以步行或骑车代驾

现代社会，交通发达，家庭用车越来越普遍，出行都以车代步。父母每天都要充当孩子的专职司机，接送孩子上下学，参加课外活动。这种情况下，也大大缩减了孩子运动的时间。让孩子运动的一个好方法就是每天减少用车的时间，以步行或骑自行车上学代替短途的驾车出行。如果孩子每天上学单程骑车10分钟，那么一天上学来回就是20分钟的运动量。要去上绘画课，步行15分钟，来回就是30分钟的运动量。

无论是去学校、图书馆、公园，还是去拜访朋友，都要尽量少用车。即便距离较远，不得不驾车时，也可以把车停在离目的地1～2公里的地方，余下部分和孩子一起步行，让孩子明白每天参加运动对于自己的重要性。

总之，运动不仅锻炼了孩子的身体、强健他们的体魄，还能强化他们的大脑、锻炼意志，帮他们学会自律。鼓励孩子参加运动，用运动作为孩子生活中的营养剂，可以减少学习的压力，起到劳逸结合、提高学习效率的作用。

第五章 学会放手，让孩子自己成长

学会放手，父母首先要“抓大放小”，从小开始着重培养孩子的自理能力，随着孩子的成长，教会孩子安全的自我保护意识和技能，让孩子从生活上、心理上为自我放飞做准备。在此基础上，父母大胆放手，让孩子自己去探索和体验，鼓励他们逐渐负起该负的责任，以积极、平和的心态接受生活的挑战。只有经过生活磨炼的孩子才能独立成人，成为社会的栋梁和生活的强者。

01 放手让孩子独立，先培养自理能力

婴儿从一出生起，就踏上了不断走向独立的旅程。生活自理，是孩子走向独立的起点。父母只要能够放手，给予孩子锻炼的机会，他们就会从不会做到初步会做，从做得不像样到像模像样地发展。父母不要因为惧怕孩子做不好而禁止孩子尝试。

感恩节，同事艾玛做东，请了30多个朋友聚会。这次聚会中的“明星”是同事艾玛和哈利15个月的宝宝妮可拉，大家都抢着要逗她玩。晚餐时妮可拉在妈妈的帮助下爬进自己的高脚椅，坐在里面和我们一起用餐。艾玛把装有食物的盘子、装了水的学饮杯和一只塑料小调羹放在高脚椅的托盘上，让妮可拉自己吃。妮可拉一会儿抓起学饮杯喝口水，一会儿用手捏起西蓝花往嘴里塞，一会儿用小调羹去舀土豆泥，忙得不亦乐乎。不久，妮可拉的脸上、手上抹了很多土豆泥，火鸡肉和蔬菜也撒到了托盘上。而艾玛一点儿也不为妮可拉把一切弄得乱七八糟而生气。妮可拉吃了一会儿，表示自己吃饱了，要从高脚椅上下来。艾玛也不强迫妮可拉再多吃一点儿，就把湿巾递给妮可拉。妮可拉抓起湿巾胡乱抹了抹小手和嘴巴。接着艾玛帮妮可拉解开了高脚椅的安全带，妮可拉一骨碌就爬下了高脚椅，跑去家庭活动室和一些比她大的孩子玩了起来。

在北美，几乎看不到父母追着孩子喂饭的情景，因为北美父母坚信：孩子不吃饭不用紧张，在正常情况下，没有一个孩子会让自己饿肚子。孩子不吃，可能是因为玩得太专心不想吃；也有可能是肚子不饿，还没有食欲。因此，在吃饭方面，父母不用逼迫孩子。在饭前只要不给孩子零食和点心，等孩子感到饥肠辘辘时，他们不仅会胃口大开，还会主动向父母要吃的，这时，他们更愿意把父母给他们的食物一扫而光。因为人在肚子饿时常常会觉得饭菜特别香，因此，也没有机会对食物挑挑拣拣了。

其实，婴儿从一出生起，就踏上了不断走向独立的旅程。而生活能自理，是孩子走向独立的起点。对于幼儿来说，吃饭、睡觉是两大难题。因此，北美父母从孩子吃辅食开始，就努力让孩子逐渐学会自己吃饭、睡觉、穿衣、梳洗、收拾玩具等基本生活技能。父母只要给孩子锻炼的机会，他们就能从不会做到初步会做，从做得不像样到像模像样，从生疏到熟练地发展。父母应该勇于放手，让孩子去做，不要因为惧怕孩子做不好而禁止孩子尝试。如果孩子做错了不要心急，也不要责备他们，更不能包办代替。

协助年幼的孩子掌握技能

在培养孩子生活自理能力时，北美父母常常借助现代的各种育儿辅助物品。比如上文中的艾玛在教会孩子独自用餐时使用的高脚椅在北美家庭中比较普遍。孩子被固定在高脚椅中，不能随意走开，这样就减少了父母到处跟着宝宝喂饭的麻烦。再者高脚椅上的托盘就像一个可以装食物的大盘子。孩子既可以把放在托盘上的食物当玩具，变吃饭为一个有趣的游戏，又可以轻松地抓起食物自己吃。

为了便于孩子掌握生活自理的能力和技巧，北美父母在家庭中为孩子提供一个他们自己能够掌控的生活环境。有幼儿的家庭，父母常常在玄关处，装上和孩子身高相等的挂衣服的挂钩，便于孩子选择自己要穿的衣服。在给孩子装饰卧室时，常常给孩子买一些属于他们自己的低矮衣柜，孩子们可以轻松地从衣柜中拿出自己想要穿的衣服，并整理自己的衣服等；一条小巧的、孩子可以自己叠放的漂亮毯子，孩子可以轻松铺床；把孩子的玩具放在随手可及、安全的地方，这样孩子可以根据自己的需要而选择他要玩的玩具，玩完之后放回原处。在这样的环境中，孩子轻松地学会穿衣服、收拾房间、照顾自己，自觉地养成健康的饮食和生活习惯。

花时间训练孩子

在为幼儿做事时，北美父母常常放慢速度，通过向孩子示范做事的过程，以便让孩子学会做事的方法。而在孩子做事时，父母常常耐心地在一旁看着，并尽量克制自己把孩子手上事情抢过来帮忙完成的心态。如果孩子第一次不行，就让做第二次，第二次不行，再做第三次，直到学会为止。如果孩子做错了，就问孩子是不是愿意重新试一次。如果孩子愿意，父母再给孩子演示一遍。如果孩子不愿再试，那也没有关系，可以明天再来。可以肯定，当孩子通过努力，真正学会了做一件事情之后，他们就会无比快乐，而这种快乐的感受给他们信心，并让他们乐意接受做更多的事情。

曼丽2岁的女儿什么事情都喜欢自己做，每天早上找出衣服试着自己穿。曼丽不想打击女儿学穿衣的积极性，每次给女儿穿衣服时，不是一下就帮孩子穿上衣服，而是边说明，边一步一步地演示给孩子看：教孩子识别衣服的正反面，让孩子先把右手伸进右边的衣袖，再把左手伸进左边的衣袖，然后调整衣服的位置。衣服穿在身上之后，曼丽还教给孩子如何扣纽扣。在曼丽一遍遍明确说明之后，女儿最终学会了自己穿衣服。

让2岁的孩子自己穿衣服，可能要比父母帮孩子穿衣服多花两倍的时间，让2岁的孩子自己爬进车子、坐进安全椅会推迟父母的出发时间。但即便如此，北美父母通常在孩子向自己寻求帮助之前，尽量不抢先帮孩子完成，否则孩子会养成凡事依赖父母的习惯。只要对孩子不断地进行训练和鼓励，在孩子身边看着，耐心等待，让孩子自己操作，孩子慢慢地就可以独立完成自己的事情。随着孩子独立完成事情的增多，他们对独立做完事情的自信心也越强，这样就达到了父母培养孩子独立性的目的。这也是许多北美父母不会事事围在孩子身边帮他们做的原因。

父母尊重孩子，放手让他们做自己能做的事，或者自己喜欢做的事，其实也是父母对孩子的一种尊重和信任，父母的态度向孩子说明我们从心理上相信孩子的判断，尊重他们的选择权和独立的决策权，并信任孩子自己能够做好自己的事情。

让孩子学会完成任务

父母让孩子真正学会独立完成一些事情，通常采用以下四个步骤。

◎第一步：替孩子做

3岁的女孩在学刷牙和梳头时，父母边给孩子梳头边解释自己的动作，并让孩子在镜子中观摩父母的动作。父母在教孩子方法时，要把做的事情分成孩子可以理解、并能完成的简单小步骤。

◎第二步：和孩子一起做

先让孩子成为父母的“小助理”，慢慢地，孩子和父母的角色有了变换：父母成为孩子的助手，孩子取代父母，在父母的帮助下完成。比如，在上面我们讲到学梳头的例子中，父母可以让孩子握住自己的头发，或者让孩子拿着梳子，父母握住孩子的手往正确的方向梳下去。让孩子通过练习体会梳头的动作。下次孩子梳头时，父母可让孩子自己尝试拿梳子梳头发，妈妈在旁边边提醒孩子，边辅助孩子完成。渐渐地父母可以减少自己给孩子的帮助。

◎第三步：观察孩子做

父母在孩子身边，观察孩子独立完成任务时的状态和结果，并用积极的语言给予反馈：“真棒。好漂亮啊！”

◎第四步：让孩子独立完成

在顺利完成以上三步之后，让孩子独立完成。

在生活中，许多父母往往出于好意帮孩子做事，这么一来，孩子就不能学会生活中所需的技能，更不能养成独立生活的能力。

培养孩子自理能力的注意事项

◎按部就班，不能跳过其中的任何一步

乍一看，让孩子学会独立完成一些事情，这个过程比较耗时，但从长远来说，父母花些时间用来帮孩子健康成长、取得进步和学习正确的做事

方法和态度，这是父母教育孩子的最佳投资。

◎把整件事情分成几个细小部分

孩子的接受能力和成人相比往往有限，如果父母把如何做一件事的方法一下子完整地教给孩子，孩子可能无法理解也无法记住。所以父母需要把大事拆解成孩子能够理解的几个简单易懂的小步骤，并按步骤教孩子。这样孩子才能容易学会。

◎重复

就如孩子阅读时，他们会反复让父母读同一本书一样，教孩子做事也是如此。有时父母只说一两遍孩子很难掌握。因此，父母需要向孩子反复演示和讲解，这样孩子才能懂得并牢牢记住。

生活自理能力在孩子成长的每个年龄阶段都有其各自的特点，而孩子的独立性也需要在他们的生活实践当中培养起来。孩子在很多事情上会表现出强烈的自己干的要求和愿望，父母可以因势利导从培养孩子的生活自理能力开始培养孩子的独立性。孩子的能力远远超乎我们成年人的想象，在他们的身上蕴藏着巨大的能量。孩子总有一天要独立，父母应该放手让孩子去尝试、去思考，让他们在生活中积累经验和能力，这样不仅能培养孩子的自信和勇气，更能促使孩子的独立和成熟。就这样，北美父母通过在日常生活中的点滴教育，逐步培养了孩子的独立性。

02 让孩子懂得生活并不总是公平的

在生活中，父母总能听到孩子抱怨："这不公平。"父母不要因为不能满足孩子的意愿而害怕，告诉孩子："不同的人有不同的需求，我需要考虑的不是公平，而是需要。告诉我你有什么需要，看我们是不是能够解决你的需要。"

儿子的棒球队共有11名队员，主教练是肯。儿子和队友托尼都是第一次跟随肯打球。由于棒球赛的法定人数为9人，因此，每场比赛都会有2名队员不能上场。肯很偏心，常常不能公平对待托尼。尽管托尼的成绩并不差，但在整个赛季中，肯常常不让托尼上场。在赛季最后一次锦标赛的第一场比赛中，托尼2次击球命中，成功上垒，为赢得比赛立下了汗马功劳。可是在第二场的比赛中，肯又让托尼坐到了队员席观赛。

我为托尼感到不平，托尼的妈妈雪莉却告诉我："这个赛季对于托尼来说确实很难，我们都觉察到肯对托尼很不公平。这让托尼感到很遗憾，也打击了他的信心。作为母亲，我为他所受到的待遇感到心痛，但我更认为不应为此替托尼向肯抗议。不管我们是否同意肯的做法，但必须尊重肯作为主教练作出的决定。况且，我更希望借此机会让托尼懂得生活并不总是公平的这一道理。尽管每个人都期望生活应该公平合理，可事实并不如此。就是成年人也在所难免，我们在生活和工作中也会常常碰到不公平的事。很多时候，我们没有能力改变这种现象，但我们可以学会采用积极、有效的方法应对这种‘不公平’。如果托尼为自己不能受到公平对待而耿耿于怀，陷入消极、抱怨的情绪之中，那么他永远不能成为生活的强者。因此，我告诉托尼：与其花时间和精力关注肯对自己或者其他队员的态度是不是公平，倒不如把这些精力用在提高自己的球艺上。我们不能改变别人，但我们可以改变自己。只有提高自己，才能改变自己的处境，并要求公平。”

雪莉说得非常正确，肯不能公平地对待托尼，虽然令人失望，但生活中事事强求公平也不可能。

在北美，许多父母从小教育孩子对人要公平，做事要合理。但同时，他们也让孩子明白生活中不管我们是不是愿意，绝对的公平并不存在。因此，北美父母会让孩子懂得：我们无法逃避，也不能改变生活中许多不公平的事情和经历，但我们可以接受不公平的事实，进行自我调整，并通过自身的努力以积极的态度应对这种不公平。

孩子在成长过程中，会面临不同的难题和挑战，他们也有可能遭受不公平的待遇。想必小时候我们都有过这样的经历：考试的时候，有的孩子很幸运，考试的题目正好都复习到了；而有的孩子尽管花了很多时间复习，却由于考试时没有正常发挥而考砸了，受到老师的批评。于是那些花时间复习的孩子心里常觉得委屈，很不公平。孩子有这样的想法很正常，但如果因为这样的不公平就抱怨，并陷入消极的情绪之中而不能自拔，就得不偿失了。美国威斯康星政策研究所高级研究员、广播杂志主播查尔斯·J.赛克斯在《孩子未能在校学到的50条规则》一书中提出，父母首先应该让孩子学会的一条规则是：“生活是不公平的，要去适应它。”生活很美好，有时也很残酷。因此，北美父母从小让孩子认识社会中的不公平，这样就能让孩子从小了解社会现实，把孩子在生活中所受到的不公平待遇转换成教育孩子“人生有时是不公平的”一堂课。

在生活中，北美父母主要从以下几个方面帮助孩子面对生活中的不公平。

接受生活的不公平

让孩子明白生活中的不公平，有时不可避免。临床心理学家和精神分析学家詹尼弗·孔斯特曾说过：“虽然人们无法左右生活中不公平的现象，但肯定可以左右自己对生活中不公平现象的反应。”在生活中，如果孩子碰到了不公平的事情，尽管孩子可能不喜欢，但让孩子接受远比让孩子因为不公平而消沉要好。

如果孩子的钢琴老师更重视其他的同学，有演出的机会也常常让其他小朋友参加，孩子觉得非常不公平，也很愤怒，父母可以鼓励孩子作出决定：

- 心平气和地和老师交涉，看老师是不是会给自己更多的机会？
- 放弃这位老师，不再学钢琴？
- 离开这位老师，跟从新老师？

这么做，父母把孩子的注意力从愤怒和失望的情绪中解放出来，让他们从自身出发认真考虑要如何对待这个问题，给孩子提供了思考解决办法和策略的机会。

妈妈让5岁的塔丽亚晚上8点上床睡觉，而10岁的哥哥却可以待到晚上9点才睡。妈妈可以告诉塔丽亚：“因为你只有5岁，所以必须8点就睡，而哥哥已经10岁了，所以哥哥可以晚点儿睡。等你到了10岁，你也可以和哥哥一样到晚上9点上床睡觉。”

这么做，可以让孩子从小就明白生活中存在着不公平，不管是否愿意，我们都应接受生活中的不公平。

知道什么时候放弃

心理学家玛西娅·雷诺兹博士曾写道：让孩子经历生活中的不公平也可以教会他们什么时候应该为自己正确的意见或看法而争斗，什么时候放弃。如果让孩子意识到，有些事情就算自己再努力也不会改变，那么与其在那些不可改变的东西上付出辛苦劳动，还不如把自己的精力放在可以改变的地方，这样对自己才有利。

例1

14岁的安琪拉夏天喜欢穿吊带衫和超短裙。一天，她穿了新买的超短裙来到了学校，老师告诉安琪拉，她的衣服违反学校的着装要求：学生不能穿暴露身体太多的衣服，裙子的长度不能在膝盖以上15厘米。因此，安琪拉必须回家换衣服。安琪拉认为学校的规定不公平，她的裙子不算太短，是老师故意为难她，如果老师放自己一马的话根本不是问题。她拒绝回家换衣服，校长为此把她送回了家。

例2

班森在篮球赛中被裁判判定带球撞人犯规。班森觉得裁判的判决非常不公，他明明没有碰到对方，是裁判没有看清楚。班森非常愤怒，对着裁判高声辩解了几句，却因此被裁判罚下了场。

在以上两个例子中，即使安琪拉认为老师让她回家换衣服的要求不公平，但如果她明确自己可以争论的界限，接受老师的劝告，那么她不会被校长送回家。班森也可以采取不同的方法，比如请自己的教练去申诉。当然，有时即使教练申诉了，裁判还是不改初衷。如果班森选择适可而止，接受裁判的判决，而不是怒气冲冲地为自己争辩，那么他可能不会被罚下场。由此可见，教会孩子明确什么时候必须放弃，对孩子的成长具有重要的作用。

教孩子在生活中担当积极的角色

1988年获美国心理学会颁发的杰出科学贡献奖的美国著名心理学家朱利安·罗特提出的控制点理论，把人的性格特征分为两种类型：外控型和内控型。内控型的人相信自己对于影响自己生活和命运的那些力量有控制作用，只要经过努力，就能改变自己的命运。而外控型的人则相反，他们相信发生在自己身上的事件是不以自己的意志为转移、个人不能预测也无能为力的，而是由运气、机会、命运所造成的。

在悲观情绪下长大的孩子常常把自己看作生活中的“受害者”。对于这样的孩子，父母更应像文章开头故事中的雪莉一样，鼓励孩子树立信心，以此为动力，提高自身的各种能力。这样，他们可以做自己的主人，自己的未来始终掌握在自己手上。明确在生活中可以主宰自己的命运，这给孩子提供了积极生活的强大动力。他们更愿意主动地规划自己的未来。这种生活态度更给予孩子努力改变自己命运的感受。积极参与规划自己生活的孩子会更好地理解生活是不公平的这个概念，因为他们有足够的生活经验，也理解生活的真谛。

争取公平

一天，四年级的马克在学校被停了课，原因是他的课桌旁边有一些垃圾和纸屑，老师认为是他踢翻了垃圾桶，要他检讨。马克不承认，老师认为他说谎，就让他去学校专门为违规学生而设的教室闭门思过。那天回家之后，马克对自己所受到的不公平待遇非常愤怒，他委屈地告诉父亲事情的经过。原来那天中午，马克和班级中几个男孩打闹时不小心把垃圾桶弄翻了，纸屑掉到了马克的课桌旁。孩子们还没有收拾干净，上课的铃声就响了。老师看到纸屑掉在马克的课桌旁，就认定是马克的过错而惩罚了他。此外，参加打闹的不是马克一个人，但老师只惩罚马克，马克觉得老师的处理很不公平。父亲仔细地倾听了马克的话，对马克说："我知道你很生气，很委屈，因为老师错怪了你，对你不公平。有时候，老师也是人，做事也有错误或者不公平的时候，你是否愿意和老师谈谈，解释一下事情的经过？"马克一听，有点儿犹豫，不知道该怎么跟老师说。父亲就给马克建议可以试着把事情的经过写下来，用邮件的形式发给老师。父亲还答应帮他修改邮件。马克觉得给老师发邮件的主意不错，就动手给老师写了一封邮件，解释了事情的经过，也提出了自己的看法。第二天，马克面带微笑地告诉父亲，老师收到他的邮件很高兴，并向他道了歉。

有时候，孩子受到了不公平的待遇，父母可以鼓励孩子勇敢地站起来，用理智的方法为自己争取公平。北美父母让孩子面对现实，并不等于让他们逆来顺受，接受所有的不幸，而是让孩子以此动力，着手计划采取的具体方法和步骤。只有做自己生活的主人，才能作出成绩，让自己争得更多公平的机会。

哈佛教授丹·京龙曾指出："如果一个孩子从未体验过沮丧，从未感受过伤心或是失望，那就无法培养出对他的未来幸福至关重要的心理技能。"

03 孩子输得起，才能赢得了

胜败乃兵家常事，人在漫长的一生中，不可能事事第一。父母一定要从小加强对孩子的挫折教育，培养他的“挫折忍受力”，教会孩子有强大的内心，以正确的态度和方法面对生活中的挫折。

朋友丽达8岁的儿子杰理对音乐有很强的领悟力和表达力。自从5岁学习钢琴以来，杰理每年都参加钢琴比赛，且年年都能抱回金奖。这次杰理的参赛作品是巴赫的《波兰舞曲》。大家都认为杰理一定能和往年一样满载而归。比赛那天，报幕员叫到杰理的名字之后，杰理走上舞台，在钢琴前坐了下来，平静之后开始弹奏。只见他的手指在琴键上快速跳跃，时而刚劲有力，时而轻快温柔，身体还时不时地随着乐曲的节奏而摆动。正当大家都陶醉在杰理的琴声中，杰理的手指突然一滑，弹错了几个音符。尽管杰理若无其事地弹完了曲子，但最终还是因为那几个错音与奖杯擦肩而过。颁奖仪式结束后，杰理微笑地走到那几个得奖孩子的面前，伸手跟他们击掌，由衷地庆贺他们的胜利。

看到8岁的杰理能够如此坦然面对自己的失败，我不禁为他有这么坚强的内心和良好的气度而叫好。杰理笑着说道：“没有赢得比赛是有点儿可惜，但没关系。尽管没赢，我还是非常喜欢参加比赛，即使这次输了，还有下一次。”不久，丽达走过来，她紧紧地抱住杰理，说道：“你没有因为错失奖杯而生气、抱怨，我为你感到骄傲。”

我们知道，孩子在成长过程中都会碰到各种各样的困难和挑战，有时他们会成功，但更多的时候他们会失败。一些孩子会因为受到一点儿挫折，一点儿批评，就会变得萎靡不振，失去自信，甚至轻易地走上绝路，结束自己的生命。我们做父母的一定要从小加强对孩子进行挫折教育，培养 “挫折忍受力”，教会孩子有强大的内心，以正确的态度和方法面对生活中的挫折。对于那些刚毅、天生不愿服输的孩子，我们应该慢慢地向他们强调：“输赢并不是最重要的，不要太在意最后的结果，重要的是自己享受这个过程。世界上没有常胜将军，只要自己觉得努力了，对得起自己的心就可以。”

什么是“挫折忍受力”

人在漫长的一生中，随时都会面临各种风险、挫折与失败。面对挫折和失败，有些孩子像杰理一样，拥有强大的内心，完全不被失败所困扰，反而视失败为学习的机会，努力寻找解决问题的方法和措施，越战越勇。而有些孩子却受不了一点儿挫折，他们只能拿第一，不想拿第二 。赢了，满心欢喜，眉开眼笑；输了，怨气冲天，大哭大闹。孩子为何输不起？我们深入分析后就会发现，那些输不起的孩子往往缺乏 “挫折忍受力” 。

“挫折忍受力” 是指面对压力或者不幸事件时个人所具备的某种内在特质和应变能力，这种能力能够帮助人适应所处的环境，最终取得精神上的平衡。拥有“挫折忍受力”的人能够在困难的境况下接受挑战，并最终战胜困难。

自20世纪70年代起，心理学家开始对“挫折忍受力”进行了各种研究。通常来说，一个人的“挫折忍受力”越高，他们也就越能化危机为转机。拥有“挫折忍受力”的孩子往往具有下列特征：

- 积极向上的自尊心。
- 平息自己情绪的能力。
- 讨论自己感受的能力。比如用准确的语言说出自己的感受：生气、愤怒、伤心、失望、沮丧、愉快等。
- 幽默感。
- 能够分散自己注意力的能力。
- 看到挫折中存在的曙光或者希望。
- 正确应对生活中不同的情况。

孩子“输不起”的根源

◎个性所致

每个人的性格不同，因此，面对挫折时的反应也会有所不同。有些孩子比较外向、做事大大咧咧、豪放、不拘小节，因此在遭遇挫折时，他们更容易面对。而有些敏感、焦虑、对人对己要求非常高、追求完美的孩子则不同，他们一旦出了点儿差错，不是怨天尤人，就是变得非常焦虑、愤怒或者不高兴。

◎过多的表扬

现今社会，赞扬、激励孩子渐渐成为教育孩子的核心理念。孩子们稍有一点儿成绩，父母就大加表扬，激励他们继续努力：“你真棒！”“你真聪明！”这样的做法确实在一定程度能起到不挫伤孩子的自尊心，帮助孩子树立自信心的作用。但也正因为事事以表扬为主，孩子很少听到批评，使得孩子们对失败的心理承受能力比较脆弱，稍不如意，就会被击垮，心理失衡，无法承受。

◎溺爱

现在的孩子从小生活在养尊处优的环境中，而一旦希望和要求落空时，他们就感到无比的失落和挫折。

那么为什么同样是面对生活中的挑战或失意，有些孩子却不会被击败，而是沉着应战，越战越勇呢？约翰·戈特曼曾在《培养高情商的孩子：让孩子受益一生的情绪管理法》一书中指出：受到情绪训练的孩子往往会较少有负面情绪，他们能够更积极地应对挫折。因此，要让孩子输得起，就应该让孩子掌握正确应对挫折的方法和态度。在生活中，孩子碰到挫折并不可怕。著名的心理学家马斯洛曾经说过：“挫折对于孩子来说未必是件坏事，关键在于他对待挫折的态度。”

设置恰当的目标

许多父母从小给孩子灌输这样一个观念：“一分耕耘一分收获，只要你努力了就一定能行，一定会有进步，一定能考出好成绩。”当然这句话在一定程度上可以起到鼓励孩子的作用，但很多时候，这样的话语也可解释为：“如果你不会做习题，考试成绩不好，就一定是你不认真、不努力的结果。”孩子一旦考试没有得到理想的成绩，父母就批评孩子不用功。

这么做，父母完全忽视了每个孩子在能力上是有差异的。在这种情况之下，父母就是请名师给孩子补课，再督促孩子、逼迫孩子，孩子也不可能达到父母的要求和目标。

父母因此很失望，责骂孩子，甚至体罚孩子。孩子一定会感到很委屈，觉得自己再努力也白搭。那么既然如此，还不如破罐子破摔好了。

其实，孩子的个性不同，能力也不同。有的孩子天生对数字敏感，算术题做得飞快；有的孩子富有语言天赋，简单的英语，只要听一遍，就能够一字不差地重复出来；有的孩子有强烈的节奏感，只要一听到音乐，就能跟着音乐的节奏扭动自己的身体。

试想一下，如果让一个未经训练、普通的6岁孩子一下子扛起一包20公斤的大米，孩子就是再努力，也还是做不到。

因此，父母在给孩子设定目标时，一定要根据孩子的能力，设置合乎孩子个性和特征的目标。

赏识孩子的努力而不是能力

斯坦福大学的心理学家卡罗尔·德维克曾经和她在哥伦比亚大学的同事劳迪娅·穆勒卡做过一个实验。他们让412名10～12岁的小学五年级学生参加一场考试。不管学生们在考试中是否取得了好成绩，研究者都告诉孩子他们的成绩很棒。但研究者在表扬孩子时，采用了两种不同的说法。他们告诉一些孩子：“你很聪明，考试成绩很棒。”而对另一些孩子说：“你一定很努力，你的考试成绩很棒。”这些学生在几天之后又参加了一次考试。这次，研究者告诉所有的孩子：“你们的考试成绩不好。”

因为“聪明”而受到表扬的孩子，他们把考试失败看成是自己不聪明、没有能力的结果。因此他们不愿尝试去做有挑战的事情，而倾向于选择自己擅长或者简单的事情来避免失败。碰到他们不能很快解决的事情，常常以“我不擅长这个”而很快放手，这些孩子表现出缺乏忍受挫折的能力。

与此相反，那些因“努力”而受到表扬的孩子更愿意把考试没有取得好成绩的原因归结于自己“不够努力”。因此，他们也愿意更加努力来接受挑战。通过以上实验，德维克指出：“强调努力给了孩子一个可控的变量，他们发现自己可以控制自己成功与否。强调聪明则剥夺了这种可控性，并且也不能成为应对失败的好处方。”

因此，当孩子第一次独立完成一件手工作品或画一幅画时，父母与其告诉孩子：“我知道你最聪明，有能力做出一件漂亮的手工作品”，倒不如告诉孩子：“你一定非常努力，花了很多心血做出了这件作品，妈妈为此很骄傲。”

并非所有人都是赢者

胜败乃兵家常事，人在一生中，不可能事事第一。可惜的是，在竞争激烈的时代，许多父母都害怕孩子失败，为了不让孩子“输在起跑线上”，我们的父母都变着法子、竭尽全力地鼓励孩子争第一。

前些时候回国，碰到朋友，她谈到8岁儿子的学习情况，告诉我：“我儿子非常好强，富有竞争意识和进取心，每次考试和比赛都要争冠军。班级中有一位女孩和儿子旗鼓相当，因此，儿子盯着那个女孩，每次考试都一定要超过她。期末考试，儿子因为没有考到第一名，整个假期都不高兴，还说要辞掉学习委员的职务，因为他觉得没有得第一名的学生不应该做学习委员。”

每个家长或者都会碰到这样的事情，如果孩子考试考砸了，只要让他们认识到自己在考试中的差错，吸取教训，在将来的考试中争取好成绩就行。告诉孩子：在人生的道路上，不可能一帆风顺，也不可能次次都是冠军。《唯我的一代》一书的作者珍·温格曾经写道：“即使你很擅长某件事，失败一般还是要比成功来得多。”“你必须适应这种情况才能继续前进。”

强调过程而不是结果

在生活中，我们常常以成败论英雄。如果孩子得了第一名，父母就非常高兴。但当孩子出现了差错，父母就会毫不顾及孩子的心情，批评孩子。这样不仅会给孩子很多压力，也会使没有取得好成绩的孩子感到很沮丧，特别是当他们竭尽全力却没有做好的时候。文章开头故事中的杰理在比赛中尽管由于出现了差错而无缘奖杯，但他在参加比赛之前，每天苦练巴赫的《波兰舞曲》，学会了单手多个声部的演奏方法。作为父母，我们不能只看到孩子没有赢得比赛，而忽略孩子所付出的努力。

加州大学伯克利分校心理学教授马丁·卡温顿的一项研究显示：对失败的恐惧往往会直接影响到一个人的自尊，或者说，影响到一个人对自我价值的判断、信念或感受。因此，许多孩子在日常生活和学习中，在生理上和心理上使用一切可行的方法避免让自己失败，以达到保持自信的目的。孩子会因为害怕失败而裹足不前。因此，不论成败，孩子只要努力了，即使只是一点儿微小的进步，父母都应立即给予鼓励，使他对自己有信心，增强挫折忍受力。成功，意味着尽心尽力地把一件事情做好，而不是非要赢了别人。

借用英雄情结帮孩子走出困境

孩子在成长过程中，常常会有自己仰慕的英雄。有时候，父母苦口婆心说一百句，也比不上偶像随意间的一句感慨。甚至偶像们什么都不用做，小粉丝们会主动为了追随偶像而勇敢迎接生活中的挑战。父母可以借助孩子心目中的榜样，让孩子明确自己的不足，帮他们走出成长过程中的困境。

争强好胜的迈柯姆喜欢篮球运动，他最崇拜的球星是德里克·罗斯。每每有德里克的球赛，迈柯姆总愿意和父母一起坐在电视前观看。如果碰巧德里克有失误，迈柯姆的父母总会提醒他：人无完人，即使是最优秀的运动员也有出错的时候，所以对待错误和失败不要太气馁，只要我们不放弃，就一定能成功。

接受孩子的失败

参加羽毛球比赛的孩子在比赛中输了几个球，在一旁观看比赛的爸爸因为孩子连着出错而显得非常不耐烦，开始在场外大声喊叫，指导孩子。孩子在父亲的喊叫声中，变得手足无措，更是连连丢球。最后，忍无可忍的爸爸怒气冲冲地冲出赛场。孩子比赛之后因为找不到爸爸而放声大哭。

在一般的情况下，没有一个孩子会故意做出让父母生气、失望的事情，也没有一个孩子愿意输。很多时候，孩子犯错时，他们的内心也很沮丧、很痛苦。因此，面对孩子失败，父母不要明里暗里地向孩子表达自己的不满“你怎么不像我的孩子，一直出错”或者给孩子提各种“有用的建议”。其实，父母在给孩子建议或者责骂孩子不努力之前，首先要设身处地地想象一下孩子因为做错事而产生的内心挣扎和痛苦。他们可能因为自己的错误而感到尴尬、羞愧、委屈、沮丧、悲伤、愤怒，也有可能因为自己的错误而丧失了自尊和自信。因此，父母在告诉孩子自己很生气或者感到很丢脸之前，要静下心仔细想一想：自己要说的话是不是能够帮助他们？怎样帮助他们？更重要的是，自己所要说的话将如何帮助孩子调整情绪，走出困境？

如果父母批评孩子辜负自己的期望，或者在孩子表演出错时怒气冲冲地走出会场，那么，父母的行为本身对孩子的心理就产生了严重伤害。这样的方式等于在孩子的痛苦上雪上加霜，在情感上加深了孩子的痛苦。上文中的这位爸爸正确的做法应该是：就算孩子在比赛中出错，也不要当场指出，而是应该在孩子结束比赛之后，首先告诉孩子自己理解他的心情。在孩子冷静的情况下，再和孩子谈论这场比赛中的得和失。

罗伯特·布鲁克斯曾在《培养孩子挫折忍受力》一书中指出：“父母和孩子每一次的互动，都是协助孩子培养挫折忍受力的教育机会。因为在处理每件事和问题的过程中，他们都将得到更多启示，克服逆境的种子也将从中萌发并逐渐茁壮。”因此，培养孩子的挫折忍受力，不需要父母刻意为孩子制造挫折。只要父母抓住生活中出现的一些时机，适时适度教育孩子就行。

04 培养社交能力从学习分享开始

分享是一个极其复杂的行为。作为成人，我们常常坚持让孩子分享，认为这只不过是小事一桩。但对于孩子，特别是幼儿来说，分享的意义很不一般。为了分享，他们必须学会物品的所有权、同情心、自控力、耐心等。

公园里，2岁半的蒙林让爸爸扶着荡秋千，玩得满头大汗。不一会儿，3岁半的安妮走过来，告诉蒙林，她也要玩。可是蒙林一把推开安妮，说道："不，你不能玩！"安妮当然也不肯轻易放弃，大声嚷起来："我也要荡秋千。"眼看着两个孩子就要吵起来了，在旁边站着的蒙林的父亲大卫蹲下身子，看着蒙林的眼睛说道："蒙林，再荡一会儿秋千，然后把秋千让给安妮，因为安妮也想玩，你可以和安妮轮流玩。"

每个父母都希望自己的孩子大方、受人喜欢，可事实上，要让孩子愉快地与人分享并不是一件简单的事情。如何培养孩子分享的习惯也常常是令父母头痛的一个问题。因为，我们都知道，分享是每个人应具有的美德，也是孩子必须掌握的一项重要社交技能。因为，只有懂得与人分享的孩子才能明白：世界上每个人都有自己的欲望和需求，在生活中，我们不能以自我为中心，凡事只满足自己的愿望。要与人和睦相处，我们必须要考虑周围朋友的要求。事实上，愿意与人分享的孩子更能得到同伴的赞赏，也更有人缘。可惜的是，与人分享并不是每个孩子与生俱来的美德，而是需要他们在生活中不断学习才能获得。

设定切合实际的符合孩子年龄的期望

真正的分享蕴含着同情，也就是能够理解别人的内心感受、站在别人的立场上看问题的能力。而孩子在6岁时，才真正完全拥有这种能力。

多数孩子都喜欢和其他孩子一起玩。因此，很多父母都错误地以为，孩子喜欢和小朋友一起玩，那么他们就应该和朋友分享自己的喜爱之物。但事实并非如此，从幼儿的心理发展来说，让幼儿分享，并不如成人想象的那么简单。2岁以内的孩子常常为不在自己视野内的物品是不是存在而感到困惑，他们不懂得东西是分“我的”和“你的”。在和同伴玩耍时，他们常常是平行游戏，也就是说，即使和同伴在一起，他们也是自己玩自己的，很少有互动。因此，不要指望不满2岁半的幼儿轻松地分享。如果让他们把自己手中的物品给人，他们可能会害怕永远失去这个物品。3岁以下的孩子开始理解“拥有”这个概念，但对东西是“我的”还是“你的”不能明确区分，他们还没有完全明白分享的概念。因此，在教会孩子分享之前，父母首先要教会孩子两件事：

- 物品的“所有权”这个概念。
- 让孩子明白无论发生什么事，他都会拥有这个物品。孩子只有在确认自己对物品的所有权之后，才能学会拿出“我的”东西和人分享。

美国家庭治疗师、《养育聪明的幼儿：发掘孩子的智力潜能》一书作者蕾妮·莫希曼曾说过：“在2～3岁的幼儿身上看到不愿分享的自私行为很正常。即使不喜欢父母给他们的玩具，或者不打算玩那些玩具，幼儿还是要选择最大的并紧抓不放，这是他们的本能反应。”

对于这个年龄段的孩子，父母在教孩子懂得物品所有权的时候，可指着宝宝拥有的物品，一一讲给宝宝听。比如，1岁半的宝宝抓住自己的小球，妈妈可以指着球告诉宝宝：“这是宝宝的球。”妈妈还可以指着自己的衣服，告诉宝宝：“这是妈妈的衣服。”

孩子满4岁之后，开始明白分享和轮流玩的概念。在日常生活中，父母可以和孩子一起练习轮流玩。比如，和孩子一起看书时，父母先翻一页书，孩子再翻下一页。搭积木时，父母先放一块积木，孩子再放一块。拍球时，父母先拍一下球，孩子再拍一下球。有时父母还可以采用时间限制的方法，让孩子使用定时器，一个孩子先玩10分钟，然后让别的孩子玩10分钟。这样孩子慢慢地学会轮流和共享的概念，也会明白与别人分享玩具不等于永远失去玩具。

当然这个年龄段的孩子还常常有选择地分享。因此，在朋友来家之前，父母可以问清楚孩子有没有什么东西是他不愿意分享的，比如，孩子的生日礼物、易碎塑料玩具等。父母事先让孩子把不愿分享的玩具收起来。再让孩子整理一些愿与人分享的玩具，比如，积木、橡皮泥或者球类等。如果可能，父母还可以预先多准备一些孩子愿意和人分享的玩具，这样能预先防范孩子们为争抢玩具而发生冲突。

保护孩子的利益，不强迫分享

4岁的奥利尔在客厅里愉快地玩着毛绒泰迪熊，来做客的3岁的表妹泰蜜看到泰迪熊后也想玩。爸爸让奥利尔把泰迪熊给泰蜜玩一会儿，但奥利尔不肯。爸爸告诉奥利尔要做个好主人，和泰蜜一起分享，但奥利尔还是不听爸爸的劝告。爸爸好说歹说，但奥利尔还是拒绝，不愿妥协。忍无可忍的爸爸就从奥利尔手中强行夺过泰迪熊，放进泰蜜手中。奥利尔因为爸爸强行把自己的泰迪熊给泰蜜而感到非常愤怒，他放声大哭，边哭边喊："快让泰蜜回家，我再也不想和泰蜜玩了。"

许多时候，如果孩子不愿分享，父母都会为他们的举动而感到很尴尬，因为在父母心中，孩子不愿和人分享不仅体现孩子的自私，也让自己颜面尽失。因此，他们常常强迫孩子分享。其实，强迫孩子分享并不利于培养孩子分享的习惯，多数时候可能起到适得其反的作用。如果爸爸没有强迫奥利尔分享，那么奥利尔可能还不会让泰蜜马上回家。如果奥利尔知道每次其他孩子来玩时，父母都要强迫他分享自己的心爱之物，那么他还会心甘情愿地和其他孩子一起玩吗？因此，父母强迫孩子分享，会让孩子痛恨分享，严重时更会妨碍孩子正常社交技能的发展。

其实，生活中，不仅孩子，就是成人也有不愿与人分享的时候。比如说，圣诞节时，你得到了一条向往已久的围巾，第二天满心喜欢地给好朋友看，好朋友表示非常喜欢，想让你借给她用一用。这时你是毫不犹豫地借给朋友，还是舍不得借？因此，在教育孩子分享时，父母不得不接受这样的事实：孩子有自己特别珍爱的玩具或图书等其他物品。对于孩子珍爱的物品，父母要尽量尊重孩子的意愿，不强迫他们分享。面对奥利尔不愿分享的行为，爸爸可以使用分散孩子注意力的方法，比如，拿出平时奥利尔的球或者小车来转移孩子对泰迪熊的注意力。

此外，父母还可以通过语言和行动让孩子明白，他们尊重孩子的所有权。奥利尔的爸爸也可以向泰蜜说明："这是奥利尔从叔叔那里得到的特殊生日礼物，现在奥利尔不愿意分享，你是不是可以玩其他的玩具？"父母还要告知孩子，与朋友一起玩的时候，如果自己珍爱的玩具不想和其他小朋友一起玩，那么就不要拿出来炫耀。

对于孩子不愿分享的行为，父母要避免采用粗暴的惩罚方式。父母这么做，教给孩子的不是分享而是怨恨。美国乔治梅森大学发展心理学教授苏珊·德纳姆指出："不要惩罚不愿意分享的孩子，因为孩子愿不愿意与人分享只是孩子个人的决定。"

大方接受孩子的馈赠

在生活中，我们常常看到这样的场景：

1岁半的莫妮卡拿出自己最喜欢的一盒巧克力吃了一颗，又拿出一颗，递给爸爸菲尔。爸爸非常高兴地接过巧克力，说："谢谢你。这是我最喜欢的一个牌子。"说着就把巧克力放进嘴里："这块巧克力真好吃，让爸爸亲亲你。"听到爸爸这么喜欢自己给他的巧克力，莫妮卡非常自豪地笑了。不久，爸爸看到莫妮卡的妈妈走过来，就大声地告诉她："刚才莫妮卡和我分享了她的巧克力，莫妮卡真有爱心，我好高兴。"妈妈马上夸奖了莫妮卡的行为："莫妮卡知道和人分享自己心爱的巧克力，妈妈真为你骄傲。"莫妮卡听到爸爸和妈妈的表扬，更显得神采飞扬，马上也拿了一块巧克力让妈妈吃。

出于对孩子的爱，有时孩子分享给我们的食物，我们舍不得吃。久而久之，孩子就会认为自己喜欢的东西其他人不能吃，只有自己才能享用。因此，当孩子特别是幼儿即使是拿着一块他刚啃过的、沾满了口水的食物递给父母时，父母也要愉快地接受，并表扬他们的慷慨分享之举。因为这样，孩子可以从成人的赞扬和赏识之中体会分享的喜悦，从而激发他们与人分享的热情，并养成分享的习惯。

此外，让孩子学会分享的最好方法就是父母的言传身教。如果父母经常和孩子、家人或朋友分享，那么孩子一定会模仿父母的行为，乐意和人分享。父母可以在日常生活中，给孩子做出分享的示范。比如，在吃冰激凌的时候，问孩子："你是不是也要吃一点儿？"或者有爷爷、奶奶喜欢的水果，给他们送去和他们一起分享。这么做可以让孩子看到父母乐于与他人分享的行为。

父母还可以在生活中有意识地创造机会让孩子分享。比如，妈妈烤了一些甜点，让孩子带到学校和自己的伙伴们分享。孩子买了新书，可以让孩子借给自己的朋友们阅读，然后再一起讨论书中的人物和故事，让孩子体会到和人分享之后的愉悦之情。这样，孩子学会与人分享不仅能够得到大家的肯定和赞赏，还会了解到给予他人能够给自己带来许多快乐。

一旦发现孩子主动跟人分享时，父母一定要及时表扬，告诉孩子和人分享真是一件好事。父母的鼓励和表扬，会加深孩子理解分享的意义，孩子会知道这是一个好行为。

别轻易做孩子争吵的仲裁者

当孩子专心致志地在玩一个玩具时，他们全神贯注，这和成年人努力工作时的认真态度毫无区别。此时，如果父母突然要孩子放弃自己的玩具，孩子一定会很不高兴。因此，父母可以让孩子按照自己的意愿选择参加的活动或游戏。父母可以通过孩子的面部表情、身体动作，以及和其他孩子的互动来观察孩子参加游戏和活动的情况。如果孩子们争一个玩具，父母切不可操之过急，而是要尽可能地耐心等待，克制自己想要帮孩子解决纠纷的冲动。当然，如果冲突的程度过于激烈，父母可以适当介入，否则，应由孩子自己解决。这样才能让孩子在没有父母干预的情况下，学会保护自己，调节自己的行为，学会和其他孩子协调并解决问题。

分享是人们在社会交往中的一种常见行为：与同伴好友分享好吃、好玩的东西，告诉别人一个有用的信息，对遭受痛苦的人说一些关心体贴的话等。从小有效地培养孩子与人分享的习惯，就是让孩子学会与人成功交往的社交技巧。

05 不给孩子贴“害羞标签”

对于孩子害羞的行为，即使感到很焦虑，父母也应避免轻易给孩子贴上标签，更不要惩罚、指责、勉强孩子，而要对孩子表示理解和尊重，让孩子明白父母理解他们，并帮他们找出害羞的真正原因。

现代语言系的老师安德烈有两个儿子，4岁的小儿子克雷尔聪明敏感，是慢热型孩子，见到不熟悉的人马上就脸红，而7岁的大儿子霍根大大咧咧，和谁都能说上一堆话。一天，我在邮局碰到安德烈带着两个儿子在寄信。一看到我，霍根马上走过来，微笑地大声和我打招呼：“您好。”而克雷尔却低着头，眼睛看着别处，站在原地一动不动。安德烈对克雷尔招招手，让他过来向我问好，可是克雷尔满脸通红，支支吾吾不吭声，更不愿挪步。安德烈看了看克雷尔，对我说：“克雷尔很懂礼貌，对熟悉的人都会问好。他现在不愿意问好可能是因为他和你还不熟，有点儿害怕。只要给他一点儿时间，过一会儿他就会向你问好的。”默不作声的克雷尔听着，表情变得柔和、自然起来。在和安德烈聊了10多分钟之后，克雷尔慢慢到走到我们跟前。临别时，克雷尔主动和我道了别。

很多时候，父母会因为孩子害羞而焦虑过度，于是常常不经意地强调了孩子的缺点，不时给孩子贴上各种标签。如果孩子不愿主动和同伴一起玩，父母就会说 “孩子太胆小，不会和人交往” “不主动，不活跃”。如果孩子不愿向人问好，父母就说孩子“太害羞，怕见生人” “不懂礼貌”。父母的这些标签带给孩子的感受是：

- 因为我很害羞，我可以不用向人问好。
- 因为我很害羞，我可以单独一个人玩，不用和其他小朋友一起交流和互动。

这样的标签更增加了孩子的心理压力，也给孩子带来了不良的心理暗示。有时孩子原本没有父母想象的那样胆小，但因为父母不断地责备，孩子变得瞻前顾后，退缩不前。

在上文中，面对羞怯的克雷尔，安德烈没有给克雷尔贴上“害羞”的标签，而是指出：克雷尔只是因为“害怕”而不愿问好。安德烈使用贴切的词汇帮克雷尔表达他的真实感受，让克雷尔注意到自己碰到陌生人那一刻的感觉，并把自己害羞的感觉和害怕的感觉联系起来。一旦克雷尔能理解自己的真实感受，父母才可以帮他开始思考应对的策略。

接纳孩子的害羞行为

◎先天原因

有些孩子天生敏感和害羞，他们在陌生人面前或大庭广众之下更容易害羞。其实我们可以细想一下，即使我们不像孩子那样害羞，但让我们在大众面前讲话，或者在一个新环境中，也会有感到害羞的时候。

◎挫折的经历

研究表明，约有四分之一的害羞的成年人在幼时并不害羞，在长大后却变得害羞了。这可能与成长经历有关。比如，原本积极主动、大方开朗的人，因为经常受到别人的耻笑或批评而变害羞、胆怯。如果父母发现孩子突然变得害羞了，那么他们需要找出导致孩子害羞的原因，这样才能有效帮助孩子。

◎恐惧失败

有些父母对孩子的要求很高，超出孩子的能力范围。而孩子因为没有达到父母的要求，认为自己辜负了父母的期望，而产生害羞的感受。这样的害羞可能是孩子恐惧失败的一种表现。

◎父母养育孩子的方式

马里兰大学内森·福克斯曾对一组9个月大的婴儿进行脑部研究发现：婴儿期的害羞最早是出于本能。当性格内向的婴儿面对陌生人时，他们就会变得紧张、焦虑不安。而性格外向的婴儿则与之相反，当他们看到陌生人时就会伸出手去。经过对这些孩子15年的追踪研究，福克斯还发现：父母的养育方式对孩子婴儿期的害羞情绪是否延续有着至关重要的影响。在被研究的这些孩子中，如果父母从小过分保护孩子，或者从不鼓励孩子克服害羞和焦虑情绪，那么这些孩子在长大成人后仍然害羞、容易焦虑。而那些拥有自信、能够在父母帮助下从保护壳中走出来的孩子往往能够克服害羞。

教出开朗自信的孩子

◎告诉孩子害羞的感受

面对害羞的孩子，父母首先要避免给孩子贴上“害羞”的标签。通常来说，孩子都希望成为父母的好孩子，但如果孩子害羞，他们最怕的就是父母对他们的批评和指责。很多时候，孩子原本就可能对自己的害羞而感到自责和内疚。如果父母一味地责怪，孩子一定会觉得很难受，长此以往，孩子会失去自信。因此对于孩子害羞的行为，即使感到很焦急，父母也应避免轻易给孩子贴上标签，更不要惩罚或指责孩子，勉强孩子，而要对孩子表示理解和尊重，让孩子明白父母理解他们，并帮他们找到害羞的真正原因。只有这样才能让孩子感受到父母的支持，积极有效地帮孩子树立信心。

◎给孩子时间来观察其他孩子的举动

我们可能经常看到这样的场景：妈妈带着孩子愉快地来到操场上，操场上有很多孩子跑来跑去愉快地玩耍，可是孩子非常害羞地拽着妈妈的手不肯放开，更不愿独自走向滑梯。看到这种情况，妈妈很着急，俯身对孩子说：“你为什么站在这里？快去和其他孩子一起玩。我们是到这里来玩的，而不是站在一旁看大家玩。”

在人多的场合，让孩子从远处静静地观察可以有效消除孩子的恐惧心理，帮助孩子适应人多的场合。许多孩子由于害羞不愿一下子走近其他的孩子，而是需要时间慢慢适应。父母可以定期带孩子去公园，让孩子先在远处观察其他孩子的行动，并帮助孩子找到和其他孩子交流的方法。比如，父母可以在孩子滑滑梯的间隙，静静地指着从身边跑过的其他小朋友对孩子说："这个小女孩手中拿着一个芭比娃娃，可能是她从家里带来的。带自己喜欢的娃娃来公园真是一个好主意。"父母通过安静地和孩子交谈，可以引起孩子对其他孩子的兴趣，父母这么做只是给孩子一个启发，让孩子自己思考，而不是强迫孩子过去和其他孩子交流。

◎提前准备，帮孩子"暖场"

提前准备，事先让孩子明确即将发生的事情或活动，可以消除孩子对于"未知"的焦虑和恐惧心理，也让孩子为即将到来的活动做好充足的心理准备，这样更利于孩子以平常的心态克服害羞的心理。

暑假，梅利莎和兄妹几人约定带上全家去德国的父母家。由于孩子从未去过外公外婆家，到时所有的人和事都是陌生的，这些可能会让孩子们感到紧张不安。为了缓解孩子不安的心理，在回国之前的几个星期，梅利莎拿出家中的相册，每天在家给孩子们看外公、外婆的照片，给他们讲外公、外婆的事情。此外，梅利莎还尽可能找出参加外婆生日聚会的叔叔、阿姨们的照片，一一指点给孩子们看，并告诉孩子有关叔叔、阿姨的情况，让孩子们事先熟悉。

◎教给孩子社交的技巧

许多孩子害羞、内向是因为还没有掌握与别人相处的方法。父母可以教孩子适当的社交技巧，比如，如何向人问好，需要别人帮助时该怎么做，如何自我介绍等，并在家中和孩子一起练习。孩子一旦能够熟练使用社交技巧，就会变得自信，并逐渐改善自己的行为。孩子一有主动和人说话的行为时，父母需要及时表扬孩子的行为。

◎避免强迫孩子在人前表演

“快把你今天学的英语说给妈妈听听。”想必这样的话语我们都说过。孩子学会了一些技能，作为父母，我们为孩子取得的成绩感到骄傲，也常常想让我们的孩子在人前表演一番。对于外向、开朗、喜欢在人前表演的孩子来说，这没有问题，因为他本来就很喜欢这样在众人面前表演，而父母可以利用这样的机会培养孩子的表演才能。但父母应该记住的是，并不是每个孩子都喜欢在人前表演。对于害羞的孩子来说，父母让他们当众表演就是一场最可怕的噩梦，对孩子提出这种要求就是对孩子的伤害。因此，父母切忌把自己的孩子当猴子耍，一天到晚要求孩子表演这个，表演那个。就是我们成年人学会了一项技能，也并非都有勇气当众向其他人展示。因此，如果孩子不愿在人前表演，父母不必勉强，更不能因为孩子不愿表演而责怪或者处罚孩子。让孩子选择自己的方式展现自己的才艺。父母可以使用安静的对话的方式鼓励孩子向人说明自己学到的才艺。比如，今天学校学了什么新单词或新歌曲，联欢会什么时候开，准备得怎么样等。只要父母有耐心，当孩子有了充分的自信之后，他一定会愿意向大家展示自己的才艺的。

当然，如果孩子愿意表演了，那么不管孩子表演得如何，父母一定要带头热情鼓励和表扬。父母的鼓励和肯定是孩子的动力，更能减少孩子的羞怯心理。久而久之，孩子的个性也会变得开朗和自信。

让害羞的孩子落落大方，并不是说父母一定要扭转孩子的个性，父母应该尊重孩子与生俱来的个性，并在此基础上帮孩子发现自己与众不同之处，学会如何使用正确的方法落落大方地与人相处。

06 小心陌生人
——放手前必须做好安全教育

与其过度保护孩子，还不如引导孩子正确认识世界。无论父母多么希望保护孩子，但孩子终有一天会离开父母，独自面对外面的世界。因此，让孩子拥有正确应对陌生人的技能是家庭教育的重中之重。

周末去小镇图书馆，途经新改建的公园，碰到多年的朋友和同事凯迪带着4岁的女儿丽莎在公园荡秋千。看到我，凯迪说他们夫妇有事要请我和先生帮忙。原来凯迪夫妇在为女儿制作一个“安全成年人”的名单，她想把我和先生的名字列入“安全成年人”的名单上，她问我们是不是介意。对于凯迪对我们的信任，我感到非常高兴，就告诉凯迪说：“没有问题，如果丽莎碰到问题，我们非常愿意帮忙。”

美国司法部的统计报告称，他们每年接到将近80万件未成年人的失踪报告，平均每天有2000多例。其中，有20多万儿童是家庭绑架的受害者，5万多名儿童为非家庭绑架的受害者。

在国内，我们也经常从电视、报纸等媒体的报道中看到孩子被诱拐的新闻。因此很多父母变得如同惊弓之鸟，不愿让孩子外出玩，禁止孩子和任何陌生人说话。其实，与其过度保护孩子，还不如引导孩子正确认识世界。无论父母多么希望保护孩子，孩子终有一天都会离开父母，独自面对外面的世界。每年都有许多即将开始上幼儿园、上小学的孩子要离开父母温暖的怀抱，走向外面的世界，那么父母更应该提前教育孩子，增强他们的自我保护意识，提高他们的自我保护能力。

增强孩子的安全意识

在北美，父母从小就给孩子灌输一些安全意识，让孩子懂得保护自己，并掌握应付陌生人的生存技巧。

◎用简明的语言让孩子明确陌生人的概念

当我们一提起给孩子进行有关“陌生人”的安全教育，头脑中根深蒂固的观念常常是“让孩子不要和陌生人说话”。多数父母想当然地认为自己的孩子明白什么是“陌生人”。其实，很多孩子对“陌生人”的定义常常很模糊、很空洞，他们并不确定哪些人是真正的“陌生人”。

北美父母常常在孩子3～5岁起要和孩子进行有关“陌生人”的讨论。父母可以拿出一些陌生人的图片指给孩子看，让孩子明白陌生人有男有女；有体格健壮的，也有小巧玲珑的；有表情严肃的年轻人，也有和蔼可亲的老年人。让孩子明白“陌生人”就是自己不认识的人。此外，父母更要让孩子明白有的陌生人是好人，而有的陌生人是坏人。坏的陌生人会让自己做一些让自己感到不舒服或者伤害自己的事情，或许还会把自己带走。而好的陌生人，如警察、消防员和教师等，我们可以向他们寻求帮助。因此，我们不能简单地要求孩子不能和陌生人说话。

◎教孩子识别可疑陌生人的行为

曾经有朋友告诉我，为了引起孩子对陌生人提高警惕，她从小就吓唬孩子："陌生人很危险。"如果随意跟陌生人走，就有可能会被他们拐走。诚然，父母使用吓唬孩子的方法期望孩子对陌生人保持警惕是件好事，但父母不能仅仅靠吓唬来达到教育孩子的目的。在教育孩子小心陌生人时，比吓唬更有效的方法是帮助孩子认清哪些是成年人的可疑行为。这样就能让孩子提高警惕，掌握保护自己的技巧。以下是一些可疑的成年人行为。父母应在日常生活中不停地提醒孩子，并让孩子熟知如果碰到这种情况，应该采用的应变方式。

可疑行为一：寻求孩子的帮助

- 我的孩子不知道去哪里玩了，你是不是可以帮我找找？
- 我不知道怎么去附近的公园，你坐车带我去，好吗？

儿童常常富有同情心，他们热衷于帮助别人。因此，父母可以让孩子明白：成年人通常不需要孩子的帮助，如果有陌生的成年人想要让你帮忙，那么一定要小心。告诉孩子，如果碰到这种情况，可以礼貌地告诉对方："对不起，我没有看见，不能帮你。"或者："我不知道怎么去公园，我可以帮你问问我父母。"

可疑行为二：给孩子喜欢的物品

- 给你一个超大的糖果，叔叔带你出去玩。
- 如果你坐在我腿上看电视，我就给你买一个你喜欢的玩具。
- 如果你让我亲亲你的话，我就让你和我的小狗玩。
- 我家有很多天线宝宝的毛绒玩具，你要的话，就到我家里来拿。
- 我的车上有一只可爱的小狗，你可以上车来看看。

面对这样的要求，父母要教会孩子不能贪图别人的财物，如果有人给你东西吃，给你东西玩，一定要婉言谢绝。“我父母不允许我随便接受别人的礼物，我需要得到他们的准许才能这么做。”“我妈妈说了，不能吃别人给的糖果。”更要让孩子明白，不能随意上陌生人的车，或者去他们的家。

可疑行为三：伪装成其他人

一些可疑的陌生人会伪装成其他孩子的父母、父母的朋友、警察、学校老师等。

- 我女儿和你一个班的，她经常向我说起你，我带你去找她玩。
- 你就是打破我家窗玻璃的那个孩子。跟我来，我们去找你的父母。
- 你奶奶让我带一个礼物给你，我放在家里了，我带你去拿。
- 我是你妈妈的同事，她叫我来接你。
- 我是你爸爸的好朋友。他让我过来看你，你能带我去你家吗？
- 我是警察，这是我的徽章，你一定要跟我来。

告诉孩子不要随意相信陌生人所说的话，如果碰到这样的情况，一定要给父母打电话确认，并告诉对方：“我父母不让我独自离开，我要问问他们。”“我要和我父母一起去拿礼物。”

可疑行为四：让孩子保守“秘密”

- 这是我们两个人之间的小秘密，你不能告诉别人，否则我会很失望的。
- 你把这个秘密告诉别人的话，我会打你的。

让孩子明白，如果某个成年人要求自己保守一个令自己不安或者感到不舒服的秘密，那么完全可以不遵守那个约定，并把这个秘密告诉父母或自己所信任的其他成年人。

可疑行为五：询问孩子的个人或家庭信息

- 你住在哪里？如果告诉我，我带你去看电影。
- 你的妈妈是不是×××，在保险公司上班？
- 告诉我你家的电话号码，这样我可以和你的父母联系。

父母一定要告诫孩子：不要透露个人信息，如姓名、地址、电话号码、所在学校、家长姓名、身份证号码、信用卡号码。还可以告诉孩子，如果成年人要知道孩子的个人信息，他们会问父母的。因此，对于这样的问题，孩子都可以回答："我不知道，我让我的父母告诉你。"

可疑行为六：陌生人敲门

让孩子明白，有陌生人来敲门时，如果父母在家，就让父母开门。如果是独自在家时就千万别开门，此时可以把家里的电视音响设备打开，也可以大声喊叫父母，让陌生人误以为父母在家中而不敢为所欲为。

接电话时，别让孩子说是独自在家，而要说："我父母现在有点儿忙，抽不开身，麻烦你留个口信，我等会儿让他们回电话。"这样给人的感觉是家中还有其他人。

孩子的安全关系到全家人的幸福，因此，孩子的安全教育越早进行越有效。父母需要持续不断地引导，让孩子明白什么该做、什么不该做。这样孩子才会逐渐形成安全意识。此外，有关"陌生人"的教育还可以穿插在其他的一些安全教育之中，比如，和孩子一起谈论游泳池的安全问题，安全过马路的方法，厨房内的安全注意点等，真正做到让孩子知道在危急时刻应该采取怎样的方法。

教会孩子安全应对陌生人的方法

◎给孩子制定一个安全人员的名单

根据统计数字显示：诱拐孩子、伤害孩子的大多不是陌生人。在遭受性侵的孩子中，只有10%的案例是陌生人施暴，其余90%的是熟人。这其中，将近70%的是孩子认识并信任的成年人，比如父母的朋友、学校的老师等，30%是家庭成员。因此，在给孩子进行安全教育时，除了要教给应对陌生人的正确方法之外，还要让孩子对认识的人有警戒心。因此，就如上文中的凯迪一样，与其告诉女儿丽莎不要和陌生人说话、接触，倒不如给她列出5～7个在孩子日常生活中可以信任的人。这样，孩子就能明白如果碰到困难，可以向哪些成年人寻求帮助。这个名单可以包括：爸爸、妈妈、爷爷、奶奶、父母信任的朋友、警察等。

如果外出，父母要告诉孩子，一旦走散应该求助哪些人，如果在商店或饭店，可以找商店或餐厅服务员帮忙。如果在游乐园，可以找穿着制服的游乐园员工。还要告诉孩子，不能随便跟随陌生人走。也可以和孩子约定游乐场中一个有明确标志的地点，比如“过山车”的入口、游乐园问讯处等容易找的地方，以防万一。

◎赋予孩子向成年人说“不”的权利

当遇到危险情况时，孩子们需要知道如何迅速采取行动，尽快摆脱危险的境地。其中一个有效的方法，就是让孩子学会使用坚定的语气来表达自己的意见。

在生活中，许多父母要求孩子：“要乖，要听大人的话。”一旦孩子有不同的意见或建议，父母不是粗暴地否定，就是贬低讽刺，这么做，父母无意间剥夺了孩子表达自己意见的权利，这事实上是剥夺了孩子成长中的一项重要权利。因此，在生活中，父母应积极倾听孩子的情感需求，避免做孩子的“代言人”，从小赋予孩子发言权，让他们有明确表达自己意见的勇气。

此外，父母应多找机会让孩子练习用强烈的身体语言和坚定的语气表达自己的意愿来保护自己。

研究表明，9岁以下的孩子对“性罪犯”很少会说“不”。父母可以让孩子知道，如果觉得不对头，比如有人想触摸他们的私处，让他们觉得很害怕或很不舒服，可以用“不”来拒绝这些要求，必要时更可以大声呼救。父母不会因此而怪罪他们。

◎设置一个家庭暗号

给孩子设置一个简单、难忘的密码，比如“小精灵”“猪猪侠”等，这些密码只有孩子、受信任的家人和朋友知道。告诫孩子不要告诉任何人这个暗号。如果有人向孩子声称代替父母去接他们回家，除非那个人能够说出这个暗号，否则孩子不能跟那个人走。还可以创建一个用于书写或者发短信时的代码（如“111代表被人诱拐”“123代表有可疑的人跟踪”），以便让孩子在遇到麻烦时和父母联系。

◎确保年幼的孩子知道父母的个人信息和拨打报警电话的方法

朋友列欧的儿子马里奥就要上幼儿园了，列欧告诉我：儿子即将入园，他首先要教会马里奥记住父母的名字、家庭地址和电话。因为儿子还小，他便经常和儿子做一些小游戏帮儿子记住个人信息：

- 你叫什么名字？
- 家住哪里？
- 爸爸、妈妈的电话号码是多少？

列欧告诉我：“这些个人信息看似简单，但对于幼小的孩子来说，要完全记住也不是一件容易的事。光靠我说一遍两遍，孩子根本记不住，我不得不每天都向孩子提问，帮孩子记住这些信息。”

多数北美父母会采用列欧的方法来教孩子记住父母的相关信息，此外，还会在自家电话设置911快速拨键，教给孩子在紧急情况下拨打911电话的方式：

- 明确告诉911接线员“我需要帮助”。
- 报自己家的电话和地址。
- 如果当时的情况不允许谈话，就摘下话筒放在一边，以便警察追寻孩子的行踪。

当然，在教给孩子911报警电话的使用方法时，父母必须向孩子强调的是：911报警电话不是玩具，除非是紧急的情况，例如，火灾、意外事故、家庭暴力，或遇到坏人等，否则不能随意拨打911电话。

◎训练孩子应变方法：放下手中之物，大声叫喊，奔跑。

有时候，恐惧感在自我保护方面具有强大的作用。但因为父母没有让孩子学会相信自己的直觉处理事情，所以孩子往往不会使用。父母可以告诉孩子，如果觉得自己面临危险，那就听从自己的恐惧本能立即离开。不管在何种情况下，父母一定会支持他！

告诉孩子，不要一个人去偏僻的地方。一旦碰到需要迅速摆脱的危险环境，可以丢掉身上携带的任何东西，大声叫喊，并快速奔跑。对于陌生人来说，最怕的就是引起别人的注意，因此发出很大的声音，可以有效吓跑陌生人。

- 如果发现有人跟踪，可以跑到就近的成年人身边，比如警察、带孩子的妇女，或者跑到商店等公共场所，尖叫："救命啊！这不是我的爸爸！"

□ 如果陌生人试图带走自己，就要大声叫喊，并拼命抓住周围固定的物体，比如车门、自行车扶手等。也可以踢绑架之人的腹股沟或眼睛，躺在地上，不要轻易让绑架之人抱走。

□ 如果有人强迫孩子上车，一定要向停车方向相反的地方奔跑，因为在大街上，汽车不方便掉头。

□ 告诉孩子：如果为了保护自己而伤害了别人，父母永远不会责怪他。

◎日常演习，帮孩子掌握应对陌生人的安全技巧

让孩子掌握正确应对陌生人的技巧，需要父母不停地训练。父母首先可以利用生活中的各种情景，给孩子演示各种情况，再帮助孩子一遍又一遍地练习，直到孩子完全掌握这些安全技能为止。如请朋友扮演陌生人的角色，利用孩子喜欢的糖果、玩具诱惑孩子；外出时，指着停在路边的车子，问孩子，如果有人让你上车去拿你喜欢的游戏机，你去不去？通过各种实地演习来加强孩子的安全意识。让孩子熟悉和使用所学的自我保护技能。

未成年人的安全意识比较薄弱、自我保护能力差，身为监护人的父母必须利用生活中的每个机会进行教育，让孩子掌握一些最基本的自我保护常识，学会保护自己。外出时如果可能，哪怕是一分钟，也不要让孩子，特别是幼儿独处。如果孩子需要用公共洗手间，父母应该和他们一同前往，以确保安全。虽然父母不能完全确保孩子在日常生活中能否正确应对外部世界，但给予孩子最基本和最重要的安全知识，至少可以减少孩子受到伤害的概率。有的父母可能担心和孩子讨论绑架等可怕的问题，会吓坏孩子。但如果父母不向孩子说明，培养他们的安全意识，万一孩子碰到危急情况不知所措而遭受伤害，那么到时父母再伤心、悔恨也无济于事。

07 帮助孩子勇对校园小恶霸

孩子受人欺凌，父母都会非常心疼。许多孩子受到欺凌后，只知忍让与妥协。而恶霸欺凌人时都从初步的试探开始，他们在观察被欺凌的人的反应后才决定要不要继续欺凌。因此，父母要教育孩子在面对小恶霸时挺起胸膛，拒绝逆来顺受。

操场上，10岁的杰米爬上了平衡桥，一步一步地从平衡桥的一头走向另一头。一个比杰米高半头的男孩突然跑到杰米旁边，冷不丁把杰米推了一下。在平衡木上的杰米晃了晃，就从平衡木上掉了下来。那个男孩哈哈大笑起来："真是一个没用的蠢物，碰一碰就不行了。哈哈。"杰米看了那个男孩一眼，没吭声，独自走到秋千架那里，在一个空着的秋千上荡了起来。那个男孩又走到秋千旁，抓住秋千的链子："你这个废物，你也配荡秋千？有我在，你哪里有资格玩？"杰米抓紧了秋千继续用脚蹬地荡秋千。无奈，由于秋千的链子被男孩抓住，秋千只能在原地打转。杰米下了秋千，挺起胸膛、双眼紧盯那个男孩，用坚定的语气说道："请挪开你的手，任何人都有资格荡秋千。"男孩一下子被杰米的气势所镇住，抓住秋千铁链的手不由得松开了。杰米回到秋千上接着荡了起来。那个男孩有点儿不死心，又想动手，但都被杰米镇定的眼神所征服，慢慢地走开了。

杰米自如地应对那个男孩的欺凌给我留下了深刻的印象。不久，我碰到杰米的妈妈露西，告诉她杰米面对欺凌时的表现。露西听了非常高兴。她告诉我，其实杰米去年曾经受到班级中两个男孩的欺凌。一开始，他们嘲笑杰米跑得慢，说他跑步的样子像螃蟹，速度像蚂蚁，真是个蠢猪。杰米为此不愿上体育课，因为他怕自己跑步时会被同学取笑。慢慢地他们对杰米的欺凌升级到不让其他孩子和杰米玩，抢走杰米的零食和文具等。那两个男孩还威胁他：如果告诉别人，他们就会打杰米，因此杰米不敢告诉任何人。直到有一次，杰米的好朋友来家里玩，把杰米在学校受欺凌的事情告诉了露西，露西这才知道可怜的杰米在学校受到了欺凌。为了帮助杰米应对校园欺凌，她告诉杰米："欺凌别人是一种错误的行为，我们不能听之任之，妈妈一定会保护你，不让你再次受到欺凌。"

第二天，露西马上把事情汇报给杰米的老师，并请求老师不要告诉那两个男孩是杰米告的密。老师找到那两个男孩，告诉他们，有人看到他们欺凌杰米。那两个男孩一开始极力否认，但在老师的再三盘问下，他们不得不承认自己欺凌杰米的行为。于是老师打电话请那两个孩子的父母一起到校，让那两个男孩当着自己父母的面向杰米道歉，并向杰米保证再也不会欺凌杰米了。经过那次事件之后，露西和杰米针对校园欺凌进行了讨论，并教会杰米如何应对小恶霸的方法和技巧。

让孩子知道哪些行为是欺凌

在教会孩子对付小恶霸之前，首先要让孩子明白什么样的行为是欺凌行为。通常来说，校园欺凌常有以下四种形式。

肢体欺凌

- □ 打、掴、踢或推受害者，或是威胁说要做以上动作。
- □ 偷、隐藏或弄坏受害者的私有财产（比如教科书、衣服、食物），甚至向受害者敲诈勒索。
- □ 违背受害者的意愿，触摸他们的身体。

语言欺凌

- □ 用侮辱性的语言给受害者起绰号，用污言秽语喝骂受害者。
- □ 戏弄、取笑受害者。
- □ 造谣中伤、讥讽、威胁受害者。

分派系结党欺凌

- □ 拒绝和受害者说话，孤立或排挤受害者。
- □ 散布有关受害者的谣言或谎言。
- □ 强迫受害者做不愿意做的事情。
- □ 散布恶意小纸条以使别的孩子不喜欢受害者。

网络欺凌

- □ 通过网络、手机短信、电子邮件、即时消息等社交媒体散布各种谣言，嘲笑或谩骂受害者。
- □ 网络跟踪，反复骚扰，或者通过网络向受害者发送含有威胁的消息，恐吓受害者，给受害者带来恐惧情绪。
- □ 散播受害者私密的信息，包括敏感的个人信息等。
- □ 在网上伪装别人羞辱和折磨受害者，或者伪装成受害者在网上发布虚假的信息。比如，代受害者在网上发布“约会请求”等虚假广告。
- □ 使用粗鲁和挑衅的语言挑起网络争论，煽风点火。

网络欺凌是这四种欺凌类型中最新的一种。随着互联网的普及和发展，网络欺凌在不断地发展和变化。许多网络欺凌受害者常常也是上述三种欺凌形式的受害者。由于网络传播速度快、范围广，又很难查到并制止匿名的欺凌者，导致网络受害者无时无刻不在痛苦之中，因此网络欺凌对受害者造成的伤害更久、更深。

哪些孩子容易被欺凌

校园恶霸可能是男孩，也可能是女孩。发展心理学家的研究显示，孩子从幼儿起，对和自己相同或者形似的人比较容易接纳，而对那些和自己不同，比如戴眼镜，或有不同兴趣、穿戴爱好和举止的孩子比较排斥。这些与众不同的孩子常常会成为校园恶霸欺凌的对象。处于社交弱势的孩子，比如，身材瘦小、害羞、缺乏自信、怕事的孩子被欺凌的风险也很大。因为，这些孩子怕事、缺乏自信心，就是一而再、再而三地被欺凌了也不敢反抗或告发。性格内向、不善言辞、常常引起同学不满或反感、没有很多朋友的孩子也会成为受欺凌的目标。由于这些孩子缺乏社交技巧，少有朋友，常常孤身一人，就是被欺凌也没有朋友挺身而出帮他们，恶霸可以对这些人为所欲为。有时候，成绩优秀、受老师喜欢的孩子可能会遭到恶霸的嫉妒，因而成为被恶霸“修理”的理由。傲慢的孩子平时多半会显得目中无人，会被恶霸厌恶从而遭到欺凌。加州大学戴维斯分校社会学副教授罗伯特·法里斯研究发现，受欢迎的孩子也会成为被欺凌的目标。

很多时候，被欺凌的孩子往往以此为耻，羞于提起，更不愿主动告诉父母、老师等成年人。由于受害者得不到成年人的帮助，他们往往在精神上受到很大的压力，有时变得抑郁、沮丧，甚至会失去自信。因此父母要从日常生活中关注孩子的变化，尽早发现问题所在。以下是孩子可能受到欺凌而表现出的一些征兆。

- 身上有无法解释的伤痕。
- 经常遗失或毁坏物品。比如衣物、书籍被撕破，文具、电子产品被毁坏。
- 需要额外的零花钱或物品。
- 经常抱怨身体不适，如头痛、胃痛、腿疼、恶心或假装生病，逃避上学。
- 入睡困难、失眠或经常做噩梦。
- 成绩急剧下降，失去学习兴趣，不想去上学或要求转学。
- 伤心，不想见朋友，不愿独自出门，对喜爱的活动突然失去兴趣或避开社交场合。
- 时时感到无助或变得缺乏自信。
- 性情的转变，比如突然无故大发脾气。
- 有自残的行为，如离家出走，伤害自己或谈论自杀。

培养孩子自我保护的能力

◎敬而远之，井水不犯河水

朋友凯瑟琳有两个孩子，一个8岁的女儿和6岁的儿子。凯瑟琳在孩子们上幼儿园之前就开始教育孩子什么是欺凌。她还教育孩子们尽量不要给小恶霸任何一个欺凌自己的理由和机会。在小恶霸面前，手不能痒，嘴不要多，不要去挑衅对方，更不能因为反抗恶霸挑衅做出伤人的事。

此外，父母还要告诉孩子不要带钱和贵重的东西去学校。为了防止东西被偷，带到学校去的东西都标上孩子的名字。

◎挺起胸膛，做一个勇者

许多校园小恶霸欺凌同学时都从初步试探开始，在观察被欺凌人的反应后，才决定要不要继续欺凌。因此教育孩子面对小恶霸时，一定要表现得很勇敢。在小恶霸面前，孩子不能畏缩、缺乏勇气；受到欺凌，孩子更不能一声不吭、委屈求饶，这些都是不可取的。这样不仅不能阻止小恶霸，反而会招来更多的欺凌。因为逃避、退缩恰恰强化了恶霸的欺凌行为。只有让孩子勇敢地面对小恶霸，盯着其眼睛，用自己的行动让小恶霸明白：我不是一个软弱的人，我不怕，所以最好不要和我胡搅蛮缠。这样做，就给小恶霸一种警告。在小恶霸面前能够勇敢地表现，也会给孩子坚强的信心和良好的自我感觉。

教育孩子如果一再被欺凌，一定不能默不作声，而应该把这个情况告诉父母、老师或其他值得信任的成年人。要知道，被小恶霸欺凌不是孩子的错，错的是小恶霸。事实上，欺凌是一种关系问题。由于欺凌者和被欺凌者之间的力量不平等才产生欺凌现象，因此，欺凌和被欺凌的关系一旦形成，如果仅仅靠被欺凌者的努力很难扭转。因此，一定要借助外界的干预。有时候，孩子需要父母、老师等多方面的帮助，才能完全阻止被人欺凌。

◎让自己优秀起来

人无完人，父母要帮助孩子认识自己的不足之处，完善自我。

8岁的莱斯利因为有点儿胖而常常受到同学取笑，大家给她起了一个外号叫“小胖妞”。同学跟在她的身后叫着“小胖妞”，莱斯利为此非常自卑，有时躲在家中不愿出去见人。莱斯利的父母为她受到同学的欺凌而非常痛心，他们鼓励莱斯利通过节食、运动来减肥，并和莱斯利一起参加了游泳队。一年下来，莱斯利成功减掉了10公斤，同学们再也不叫她“小胖妞”了。减肥成功这件事增强了莱斯利的自信心。拥有尊严和自信的莱斯利再也不会逆来顺受了，更能理直气壮地阻止小恶霸的欺凌。

◎结交好友

不合群的孩子更容易被欺负，父母应鼓励孩子平时多结交一些好朋友，互相帮助，课间一起玩，放学一起回家。这样也可以减少遭受小恶霸欺凌的机会。父母也可以多带孩子参加各种集体活动，让孩子接触不同的孩子，在和其他孩子交往的过程中，学会正确的社交礼仪和得体的举止。

应付小恶霸的基本方法

被人欺凌的孩子应该怎么办？以下一些方法，父母可以教给孩子：

- 绕开、回避、忽视小恶霸。即使听到难听的话，也假装没听见。从小恶霸身边经过的时候，连看都不要看对方。

- 面对小恶霸的欺凌，忍住愤怒，不要哭，更不能显出自己的痛苦和烦恼。因为小恶霸的目的就是激怒或惹人难过。如果自己因此生气，那么正中他的下怀。所以即使内心感到受了很大的伤害，也不要轻易在小恶霸面前表露。在愤怒的时候控制自己的情绪需要很多练习，每个人采取的方法不一样，有些孩子喜欢使用“数到十，再深呼吸”的方法。

- 眼睛盯住小恶霸，用冷静、坚定的语气，说：“没有。”“这只是你的想法。”

- 也可以用幽默的语言化解恶言恶语，如果小恶霸说：“你的衣服真难看！”你可以说：“太感谢啦，我很高兴你注意到我的衣服了，这正是我想要的！”小恶霸就会觉得很无趣。

- 转身走开或跑开，远离是非地，或者走到有成年人在的地方。

当孩子遭受“校园欺凌”，父母怎么办

有的父母一听到孩子被欺凌，担心孩子不反抗的话会一直受到欺凌，因此建议孩子以牙还牙，以暴制暴，打回去，“他凶，你就比他更凶”。或者马上插手干预，和学校、和对方父母吵闹。但这些并不是行之有效的方法，因为孩子打架可能会失去控制而演变成暴力，造成一方或双方孩子受伤。而有时，如果受害者反抗太过激烈，也可能得到相反的效果。恶霸可能会因为自己能够挑起对方的激烈反应而变得异常兴奋，他们的欺凌行为可能也会变本加厉。所以父母应该尽量告诉孩子不要使用暴力。再者，父母如果一味保护孩子，替孩子出头，那么孩子无法学会解决问题、自我保护的方法。父母不可能保护孩子一生一世，为了孩子的长远发展，尤其是个性腼腆的父母，一定要培养孩子保护自己的能力，有些事情要教会孩子自己去面对。

一旦发现孩子有遭受欺凌的迹象，而孩子又不愿告诉父母，父母可以用轻松的语气婉转地询问孩子：

- 我最近听说了很多关于校园欺凌的新闻，你们学校怎么样？
- 我有点儿担心，有人在学校对你百般挑剔或欺凌你吗？
- 有没有谁在学校挑衅你？
- 同学当中有好朋友吗？在学校，是不是经常和他们一起玩？有没有经常让你难堪的同学？

- 同学当中，有没有人孤立你，并且不让你参加他们的活动?

无论父母多忙、多累，都应该和孩子进行经常性的交流。因为这种交流不仅让父母了解孩子在家庭之外的学习、交友情况，更能增加亲子关系。而良好的亲子关系又能促使孩子在遇到困难时愿意向父母敞开自己的心扉。

如果孩子向父母哭诉自己被欺凌时，父母千万不要掉以轻心，不能轻描淡写地告诉孩子："那只是小孩子之间一种玩耍方式，或者他们嘲笑你一段时间之后，就会觉得没趣，慢慢就会自行消失了。"更不能马上责问孩子："你有没有做了什么错事，惹恼了别人，他们才嘲笑你、欺凌你的？"父母首先要向孩子表示自己理解他们的感受，让孩子把事情的详细经过告诉自己，在孩子谈论事情的过程中，父母要避免发表自己对那个欺凌者的意见，比如"那个孩子这样做真不应该"，而可以用提问的方式，引导孩子描述事情的经过。比如：

- 接下来发生了什么?
- 你有什么感受?
- 哪些话或哪些事让你觉得很难受?
- 大卫骂你的时候，周围有其他的同学吗？他们有没有和大卫一起骂你?
- 她说这些话之后，你怎么回应的?
- 你被绊倒之前，他在干什么?

在孩子完成叙述之后，父母可以根据事情的严重程度，和孩子商讨需要采用的方法。如果孩子觉得父母马上替自己去找那个欺凌者出气，以后自己可能遭受更多欺凌的话，父母应避免直接介入。但父母要让孩子明白，欺凌是一种错误的行为，父母一定会在他们身边帮助他们。

当然，如果孩子受欺凌，父母应尽早妥善处理，这样可以在欺凌行为变得严重之前避免孩子反复成为欺凌受害者。如果欺凌发生在学校，父母可以和孩子的老师联系，约定时间和老师见面。很多时候，第一个知道孩子受欺凌的是孩子的朋友，接下来是父母，而老师常常是最后一个知道的人。如果发现老师对孩子受欺凌的情况一无所知，父母不应为此而发怒，指责老师疏忽职守。因为父母找老师，不是为了报复那个欺凌者，而是为了解决问题，让自己的孩子今后不再遭遇同样的事情。因此，父母应用平静的语气把具体事件和涉及人物等详细情况告诉老师，请老师仔细调查：是不是孩子自己的行为有过失才会受到欺凌？孩子是不是唯一的受害者？有没有牵连其他班级或其他学校的学生？如果孩子不愿欺凌者知道自己已经告诉了老师，父母还可以要求老师和校长对整件事情保密。和老师会面几天之后，父母可以通过邮件向老师询问调查的结果。如果孩子继续受到欺凌，父母可以联系校长："我一周之前已经和孩子的班主任联系过了，但现在孩子还是受到欺凌，我现在应该怎么办？""你什么时候可以给我解决问题的方案和结果？" 如果欺凌问题持续很久，不能得到解决，那么父母可以考虑给孩子转学。

第六章 品质教育，给孩子完满的人生

许多父母注重对孩子能力的培养，殊不知，要让孩子成为人格健全的人，光有能力是不够的，更重要的是培养他们良好的品质。因此，品质教育是家庭教育中最重要的内容之一。

孩子最容易受外界的影响，而父母则是伴随孩子一生的老师，他们的行为习惯会潜移默化地影响孩子。孩子在家庭生活中，从思想、价值取向、行为规范多方面受到父母的熏陶和影响，从而形成好坏、善恶、对错等概念，学会为人处世的技巧和方法。

01 学会感恩，让孩子做个幸福的人

一个不懂感恩的孩子只会索取，而只有懂得感恩的孩子，才可能用欣赏的眼光看待生活中的一切，珍惜身边的人和事物，并将生活中受到的点滴恩惠牢记于心。同时，感恩可以让人对未来充满乐观的情绪和希望，更能加深自身的幸福感。

周末受邀去朋友朱莉家吃晚餐。朱莉夫妇有三个孩子，10岁的女儿阿曼达、8岁的儿子吉姆和5岁的女儿戴茜。晚饭后，孩子们起身，分工合作帮妈妈收拾脏碗，清理厨房残局。朱莉夫妇则招呼我们去客厅喝咖啡。清理完厨房后，孩子们来到朱莉身边，给她一个热烈的拥抱，并告诉妈妈：“非常感谢您给我们做了美味的晚餐。”听到孩子们感谢的活，朱莉一脸幸福和满足。

朱莉告诉我：“我负责为大家做晚餐。不管我做的饭菜是否好吃，麦尔肯和孩子们总是在晚餐后感谢我为大家辛苦地付出。做饭很无聊，但麦尔肯和孩子们的感谢让我觉得很温馨，也给我为家人做事提供了动力。”麦尔肯接过朱莉的话说：“我由衷地感谢朱莉对一家人的照顾，因此每天都向朱莉表达我的谢意。这么做，希望通过在家庭中向孩子展示感恩的具体行动，让孩子从小在生活中学会感恩。在培养孩子对家人感恩的基础

上，再培养他们对亲人、朋友乃至陌生人的感恩之心。可喜的是，我们的这些举动，孩子都看在眼中，记在心里。自孩子懂事之后，他们每天用餐完毕后都会感谢妈妈为家人所付出的辛勤劳动。孩子们互相关爱，互相尊重，为别人的付出而感恩。由于常怀有感恩之心，孩子们还经常去当地的食物银行[①]、学校帮助那些需要帮助的孩子们，用自己的行动回馈社会。”

在北美，许多父母都和朱莉夫妇一样，从小在生活中培养孩子的感恩之心。《感恩：成功花朵的快乐种子》一书作者、美国加利福尼亚大学心理学教授、《积极心理学杂志》主编罗伯特·埃蒙斯博士在2003年对随机抽取的100多名大学本科生进行的一项研究中得出结论：那些在生活中有规律地培养自己感恩之心的人和对照组人员相比，其幸福度和满意度要高25%。

这就是说，拥有感恩之心的人不会让自己沉浸于悲观的情绪中，因而具有良好的自我感觉。他们对未来充满了乐观的情绪和希望，并乐于助人。在帮助别人的过程中，他们把自己的喜悦和热情传递给别人，释放正能量。因此他们也更能赢得其他人的情感支持，拥有更好的社交技能，而这些正能量反过来又帮助他们增强自信心。因此，在北美父母看来，从小给孩子灌输感恩思想，培养孩子的感恩习惯也是家庭教育中重要的一个部分。父母从教育孩子觉察父母、亲友的好意出发，教孩子心中常存感激——感谢父母，感谢亲人，再到感恩社会。

曾经有博友给我写了这样一封信：

---

① 食物银行（Foodbank）是无营利慈善机构，通常有义工提供免费服务。目的是为未能解决一日三餐基本需要的人士和家庭提供紧急或短暂的食物援助。

孩子学习很忙，我每天无微不至地照顾他，包办了他生活中的一切。此外，我和孩子他爸爸还节衣缩食，尽自己所能为孩子提供最好的物质生活，让他吃好的、穿好的、用好的。时间长了，孩子竟然认为，好东西就应该归他所有，我和他爸爸为他做事更是理所当然，对我们根本没有感恩之心。去年他过生日，我们没有满足他的要求给他买喜欢的衣服，他就变得怨天尤人，每天给我们脸色看，面对这样的孩子真不知该如何办。

正如这位博友所焦虑的，不懂感恩的孩子只会索取，而只有懂得感恩的孩子，才可能用欣赏的眼光看待生活中的一切，珍惜身边的人和事物，并将生活中受到的点滴恩惠牢记于心。

作为父母，如果我们希望孩子过得幸福、快乐，就可以从教会孩子感恩开始，让他们每天感受别人给予的爱，让美好、充实的心情陪伴孩子健康快乐地成长。在家庭教育中，父母从小培养孩子拥有一颗感恩的心，是让孩子懂得欣赏生活中的一切，也是提高孩子自身幸福感的一个有效方法。

研究员南苏克·帕克和克里斯托弗·彼得森对3～9岁孩子感恩和生活满意度的研究显示：7～9岁的孩子才能拥有和成人相似的感恩之情。这是因为3～6岁的孩子在心理发展上只能以自我为中心，他们还没有能力感受外部的情感，因而还不可能产生感恩之情。

进入青春期早期（10～11岁）的孩子对感恩的理解有了一个飞跃。但因为这个年龄段的孩子正处于身心发展时期，他们的情绪常常会有大幅波动，因此他们在感受和表达感恩之情时也非常不稳定。当心情好的时候，他们为妈妈给他们做的一点儿小事而满怀感激之情；但如果心情不好，他们可能会为妈妈做的同一件事而牢骚满腹。

培养孩子感恩之心，父母首先应根据孩子的年龄和心理发展特点，利用生活中的点点滴滴给予孩子良好的感恩启示，在他们幼小的心灵中播下感恩的种子。

父母以身作则

父母是孩子的第一任老师，他们的言行举止对孩子有着最为深远的影响。因此在教育孩子懂得感恩时，父母首先要反思自己在生活中是如何向孩子表达感激之情的？可以详细记录自己一天之中，何时、何地、以何种方式感谢孩子，通过分析，更精确地了解自己的感恩行为。在此基础上，有意识地引导和鼓励孩子感恩生活中的人和事。

通常来说，在培养孩子感恩的习惯时，如果孩子没有生气，积极参与家庭活动，听从父母的要求并和父母合作相处，父母比较容易感谢孩子。但当孩子和父母有冲突或争端时，比如，孩子顶撞父母，拒绝做父母给他安排的家务，那么父母要感谢孩子比较困难，这就要求父母能够控制自己的情绪，以爱心和耐心接受孩子的挑战。

就如朱莉夫妇一样，我们可以通过日常生活中的一些小事让孩子感受父母对家庭的辛勤付出，进而培养他们的感恩习惯。在教育孩子的过程中，空洞的说教很难对孩子产生作用，更何况是对那些心智尚未成熟的孩子。他们有时就是想听父母的说教，也听不进去，因为他们根本不能理解为何需要感恩。因此，父母应该常常在日常生活中满怀感恩之心，善于发现周围的感恩事例。如果得到了孩子的帮助，父母应该用感谢和鼓励孩子的话语对孩子的行为予以肯定，让孩子直观地感受到父母的感恩意识和感恩行动。父母的表率行为胜过一切言语，因此极具说服力。

尽早开始感恩教育

临床心理学家、“父母新闻网站”的创始人黛比·格拉瑟指出：“7岁以下儿童的本性是以自我为中心，他们不太了解自己的行动会对其他人产生影响。但随着孩子心智的发育，他们开始产生对他人的同情能力并学会从别人的角度看问题。当然这种思想意识不是一夜之间出现的。”因此在日常生活中，北美父母首先通过自己的行动引导幼儿理解感恩的含义，接着让孩子模仿父母感恩的举动，从而让孩子达到自发地感恩生活中的一切。

1.在孩子2～3岁时，北美父母通常用自己的行动给孩子做榜样，让幼儿直观体会感恩。

- 孩子帮妈妈把香蕉皮扔进了垃圾箱，父母感谢他们。
- 妈妈帮爸爸泡杯咖啡，爸爸感谢妈妈。
- 爷爷来看望孩子，父母向爷爷道谢。

2.孩子4岁左右，北美父母开始有意识地教育孩子向人道谢并引导孩子感恩的意向。但父母在教育孩子时并不是让孩子简单地说一句 “谢谢”，而是鼓励孩子指出自己具体得到了什么帮助或恩惠，并为此感谢。

- 妈妈帮孩子穿好衣服，妈妈引导孩子说：“谢谢你帮我穿衣服。”
- 邻居让孩子和他家的小狗玩，妈妈让孩子这么向邻居道谢：“谢谢你让我和你的小狗一起玩。”
- 孩子收到爷爷送的毛绒玩具小熊，妈妈教会孩子说：“谢谢你给我的玩具小熊，我很喜欢。”

这么做，父母能有效帮助孩子把具体的事件和感恩联系起来，通过不断反复，慢慢培养孩子在不同的场景使用与此对应的感谢语言。

- 孩子到了7～9岁，他们对感恩有了更深刻和更清晰的认识。这时他们明白，当人们用时间、金钱或者付出努力来帮助自己时，自己一定要为此感恩。
- “谢谢你今天陪我一起去商店买衣服。”
- “谢谢你花时间和我一起做圣诞卡，我玩得很高兴。”

谈论我们身边的世界

自然界的一切都可以作为教育孩子感恩的题材。

- 雨水对于花草树木有多重要?
- 我们的食物从哪里来?
- 每天穿在身上的衣服是如何制成的?
- 自己的玩具车是如何得到的?

通过父母和孩子的问答，让孩子体验各种情感，帮助孩子认识到自己生活中所拥有的一切都来之不易。许多平时毫不起眼的东西有时必须通过许多人的辛勤劳动才能获得，有时更是我们生活的必需品。生活中司空见惯的一切也可以带给孩子不一样的感觉，更能丰富孩子的内心世界。

北美父母在日常生活中注重了解孩子关注的问题，因为这么做不仅可以帮孩子从各方面了解生活，学会从不同的角度看世界，而且能让孩子明白，我们不能只从事物的表面判断它们的价值。因此我们都必须珍惜自己所拥有的一切，学会用实际行动来表达自己的感激之情。

让孩子写感谢信

在北美，如果受到别人的恩惠，比如收到生日礼物，受邀赴宴，都会发给对方一封感谢信以示自己的感激之情。北美父母通常利用感谢信培养孩子的感恩之心。

比如，和孩子一起动手制作感谢信。还未学会写字的幼儿通常不能独自完成感谢信的制作，父母可以让孩子在感谢信上画上各种他们喜欢的图案，并让父母记录孩子所说的话语来表达他们的感激。如果孩子收到了爷爷送来的新玩具、新衣服，妈妈可以拍些孩子玩新玩具或者穿着新衣服的照片寄给爷爷。妈妈还可以借此机会和孩子进行一些感恩的讨论。比如，你喜欢爷爷给你买的那辆新玩具车吗？你最喜欢它的什么地方？收到礼物的心情是怎样的？我们是不是应该告诉爷爷你很喜欢礼物并谢谢他？

根据心理学的研究，如果孩子能够当面把感谢信读给收信人听，那么给孩子的感恩教育的影响更深。

每天进行“感恩”的谈话

艾玛夫妇每天都寻找机会和他们的两个孩子进行一次感恩的谈话。在孩子放学回家之后，晚餐的餐桌上，睡觉之前，艾玛夫妇常常让大家轮流诉说一天中发生的值得自己感恩的事。这可以包括自己做的好事，别人对自己的帮助，或者是即使还没有发生，但期待在将来发生的那些事情。

通常来说，幼儿常常会为能够吃到自己喜欢的食物或者做喜欢做的事而感恩。尽管这看起来微不足道，但北美父母认为，这么做不仅可以培养孩子养成感恩的习惯，而且可以给父母一个了解孩子的机会，了解孩子一天学习生活中所发生的事情。

回馈社会

在北美，许多父母在孩子2～3岁起，就寻找机会和他们谈论如何帮助那些比自己不幸的人，让孩子品尝给予之后所带来的喜悦。

- 每当感恩节或圣诞节来临之际，父母常常会带着孩子买些食物捐给当地的食物银行，告诉孩子这是帮助那些需要食物的人们，让无钱购买火鸡的家庭也能吃上传统的圣诞大餐。

- 以旧换新，捐出旧玩具，以此换来父母送的新礼物。

在每年生日、圣诞节等通常会收到礼物的日子到来之前，北美父母常常让孩子从自己的玩具中选出1～2件不常用的玩具，捐给当地的慈善机构，如儿童医院、孤儿院等，这样他们才能收到新礼物。让孩子明白这些玩具可以给生病的孩子送去安慰，给不幸的孤儿提供慰藉。

- 帮助照看动物收容所中的动物，让孩子明白这些无人收养的动物也需要人们的爱心和关注。

- 随着孩子的成长，他们可以独立加入各种志愿者组织，比如，去敬老院陪伴老人，看护残疾者，给盲童朗读，帮助当地不幸的孩子收集衣物、食物，或者在学习上帮助他们。

在对比中学会感恩

妈妈给孩子做好了美味的大餐，但孩子非常挑剔，不愿吃，妈妈就对孩子说："在世界上有许多不幸的孩子，他们每天食不果腹，你怎么一点儿也不珍惜你的生活。"孩子不屑地对妈妈说："那你把这些饭菜给他们吃好了。"

像上文这样苦口婆心的说教并不能触动孩子的心灵，因为他并没有看到那些需要帮助的孩子。著有《医生妈妈给学龄前孩子的处方》一书的儿科医生玛丽安·乃夫特博士，建议父母给孩子提供直接接触不幸孩子的机会。因此，与其使用语言告诉孩子，那些可怜的孩子因为没有饭吃而常常饥饿难忍，不如把一些需要帮助的孩子的照片出示给孩子看，或者带孩子去孤儿院看望孤儿，这样更能引起孩子心灵上的震动。通过比较，孩子能学会珍惜那些司空见惯的事物，可以有效改变孩子的冷漠，进而激发孩子的感恩心理。

赋予孩子责任

我们成年人对自己顺利完成的事，也会有成就感，并能体会做事过程中的艰辛，产生感激的体验。同样的道理也适用于孩子。如果父母给予孩子适当的责任，孩子可以体会到完成一件任务所需要付出的心血和精力，他们会因此更加感激周围帮助他们的人。

温馨提示

教会孩子懂得感恩，要注意以下事项：

□ 强迫孩子感恩并不能有效培养孩子感恩之心。

□ 对于幼儿的感恩教育要从父母的言行举止开始。

□ 孩子感恩的习惯需要多年才能养成，父母需要耐心。

错误的感恩方式常见以下几种：

□ 威胁：因为孩子的玩具到处散落在房间之中，父母责骂孩子不懂得父母工作挣钱的不易，批评孩子不爱惜自己的玩具，或者威胁孩子如果不把玩具收拾好就把玩具扔掉。

□ 比较：“你有那么多玩具，很多孩子都求之不得呢。”或者“你哥哥多大方，总是很愿意和人分享自己的东西。”这些把孩子和其他孩子比较的话语不仅不能鼓励或培养孩子的感恩心，反而让孩子养成罪恶心理或更大的欲求。父母要尽量避免。

□ 回报：要避免为了让孩子学会感恩而强迫孩子回报。比如，跟孩子说：“妈妈这么做还不都是为了你。”因为这么做给孩子造成了心理负担，让孩子感到如果自己受到恩惠不回报，会产生罪恶感。因此孩子的感恩是强迫性的感恩，而不是发自内心的真诚感恩。

□ 物质享受和华丽的辞藻：华丽的言辞或者昂贵的礼物并不意味着真正的感恩。这种感恩的方式并不能得到收受之人的赏识，反而使人因无以回报而感到内疚和自责。

02 养宠物，让孩子更有同理心

孩子同理心的发展与自身的天性和后天因素有关，而父母和成年人的教导方式则是培养孩子同理心的关键。父母首先要学会接纳孩子的情绪，即使有时候孩子看起来不讲道理，也没必要强迫他们压抑，而要对他们的情绪照单全收。

周末，我受邀去社会学系教授艾伦家玩。艾伦和丈夫丹尼斯有三个孩子：9岁的丽莎，6岁的班森和4岁的汤恩。我一进她家，班森就迫不及待地带我去他的卧室看他的新宠物：两只出生一个多月的实验鼠。班森打开鼠笼，轻轻地把那两只老鼠捧在手心，不时用温柔的语调和老鼠交谈。面对突然而至的陌生人，那两只老鼠显出惊恐的样子。看到惊慌的老鼠，班森赶紧对我说："这两只老鼠还没有熟悉你，它们很害怕。我们不要打扰它们了，走吧。"班森摸摸老鼠的头，和它们亲了亲，把老鼠放回了鼠笼，拉着我的手走出了他的卧室。

6岁的班森这么爱护自己的宠物，体察它们的感受，这不禁让我为他的高情商而叫好。艾伦告诉我：她家的三个孩子，每人都有自己的宠物：丽莎有一条狗，班森养的是老鼠，而汤恩则喜欢养金鱼。他们夫妇之所以赞成孩子养宠物是因为养宠物有利于培养孩子的同理心。

美国发展心理学家盖尔·F. 梅尔森在2003年发表的调查研究中指出：美国大多数的父母为了孩子而养宠物。而且她的另一项研究也表明，那些和宠物一起生活的孩子会有更高的移情能力，也就是同理心。

哈佛大学心理学博士、被称为“情商之父”的丹尼尔·戈尔曼曾经在他的成名作《情商》一书中这么写道：“同理心，即了解他人感受的能力，它在人生的许多竞技场上发挥着重要的作用，从销售和管理到谈情说爱和养儿育女，再到同情关爱和政治行动。没有同理心会产生严重的后果，比如在精神病罪犯、强奸犯和恋童犯身上就看不到同理心。”由此可见，同理心对每个人性格的形成有着相当重要的作用。因此父母从小培养孩子的同理心尤为重要。

早在婴儿期，孩子就表现出同理心。我们常常可以看到这样一个有趣的现象：新生儿听到别的婴儿哭了，也会跟着哭起来。而许多发展心理学家，比如美国威斯康星大学麦迪逊分校的心理学家卡洛琳·詹卫斯勒等做过的一系列实验也证实了这一点。婴儿最早从4个月起就已经能体会妈妈的情绪，而正常生长的婴儿通常在1～2周岁时开始表现出同理心。卡洛琳的研究还发现，同理心的差异与父母的管教方式有关。也就是说，孩子同理心的发展与自身的天性和后天因素有关。因为幼儿时期是孩子身心成长及个性发展的关键时期，所以同理心的培养应该从幼儿开始，首先从家庭教育中展开，为孩子日后的成功奠定基础。

如果孩子缺少同理心，则可能在日常家庭生活中，根本无视父母的感受，不顾父母维持生计的艰难，只是一天到晚要求父母给自己买吃的、穿的。如果父母达不到他们的要求就要赖。他们也不会体谅父母辛苦一天下班后非常劳累，对父母做的菜挑三拣四，如果不合自己的胃口，就拒绝吃饭，非要父母重新做一份自己喜欢吃的菜才罢休。

利用养宠物，培养同理心

丹尼尔·戈尔曼在《情商》一书中指出，幼儿到3岁半时，对感知他人情感的敏感度开始变得不同。有些孩子变得比较敏锐，有些则变得比较冷漠。关键就在于父母和教师的教导方式。如果引导得当，孩子就能敏锐地感知他人的情感。反之，孩子对人的情感感知能力降低，就相对变得冷漠。因此幼儿时期是培养孩子同理心的最佳时期。

许多北美父母鼓励孩子养宠物的目的就是让孩子学会关爱弱小的生命，从中学会同理心。很多时候，孩子在玩玩具时不知道爱惜，常常粗暴对待玩具。但如果孩子养了宠物，在对待弱小的生命时，他们必须学会温柔和小心地对待它们。因为孩子明白如果自己粗暴对待动物就可能伤害它们。在这个过程中，孩子们理解了动物和人类一样有喜怒哀乐，也会害怕孤独，更离不开人们的关心和照顾。而孩子对宠物的这种爱心则激发了他们同理心的形成。孩子在对待宠物时学会的这种感受，很快会延伸到他们生活中的其他方面。发展心理学家的研究显示：有宠物相伴的孩子和没有宠物的同龄人相比，前者明显地更具有同理心。因此，在处理和兄弟姐妹及朋友的关系时，照顾宠物的孩子会显得更有爱心，更能善解人意，他们也能善良体贴地照顾其他幼小的孩子。 随着孩子的成长和生活经历的完善，他们更有正义感，对人富有同情心和关爱心，也更人性化。最近塔夫茨大学卡明斯兽医学院的研究员梅根·K. 米勒对567名16～25岁青少年的调查显示：过去与动物有过互动的青少年更容易为其所在团队做贡献，比如在组织中担任领导或者做些社区服务。

由此可见，养宠物在一定程度上有助于培养孩子的同理心。而富有同理心的孩子往往由于心地善良、善解人意而受人喜爱和拥护，因此他们更容易和人交往，也更自信。所以，让孩子拥有同理心是培养高情商孩子的一个重要方面。

接纳孩子的情绪，培养同理心

每个人都有喜怒哀乐的感受，这是天生的能力，因此情绪没有对错之分。在生活中，就是成年人也会经常因事而烦恼、愤怒、沮丧或痛苦，因此孩子闹情绪很正常。多项发展心理学的研究显示：当孩子有安全的依恋关系，也就是孩子知道如果自己在情感和体力上遇到了困难，身边的父母或者亲属会给予自己全力的支持时，他们更有可能对其他的孩子表现出同情，也更愿意对处于困境的其他孩子提供帮助。

饭碗里还有两块肉，4岁的辛西亚吃了一块，剩下的最后一块被爸爸吃掉了。吃完了肉的辛西亚还想吃，但一看到碗里空空的，就哇哇大哭起来。妈妈艾娜对她说：“别哭了，下次妈妈再给你做。”但辛西亚不依，边哭边喊：“我还要吃，还要吃！” 艾娜知道辛西亚已陷于情绪之中，不能强迫她停止哭泣，她理了理头绪，轻轻抱起将辛西亚，说：“噢，肉都吃光了，真伤心，妈妈也想再吃一点儿呢！哭吧，哭吧。我们一起哭吧。真可惜，今天不能再吃肉了，真沮丧……”辛西亚继续哭泣了一会儿，但她听到妈妈说的话后，情绪渐渐缓和了下来，艾娜问道：“没有肉了，但我们有你喜欢吃的奶酪，要不要吃一点儿？”辛西亚点点头：“要吃。”

为了培养孩子的同理心，父母应该学会接纳孩子的情绪，即使有时候孩子看起来不讲道理，也没必要强迫他们压抑。如果孩子需要痛哭，那么就让他们哭个痛快；如果孩子发脾气，那么就让他们宣泄内心的愤怒。在要求孩子“停止哭泣”“停止发脾气”之前，理解孩子，接纳他们的情绪：“妈妈知道你很生气，很难受，妈妈陪你一会儿。”当孩子感受到父母理解自己时，他们的情绪就比较容易平复，更便于父母和孩子一起寻找释放情绪的出口。

很多时候孩子闹情绪时，需要一定的空间和时间。有的孩子闹情绪时喜欢独自待一会儿，有的孩子喜欢父母抱着自己，有的孩子喜欢大喊大叫，也有的孩子喜欢捶打物品等。父母要帮孩子找到发泄情绪的有效方法，让孩子在安全的环境中自由宣泄自己的情绪。比如，给喜欢捶打物品的孩子准备一个软垫，孩子闹情绪时，他可以尽情捶打。让喜欢喊叫的孩子明白，发脾气时，不能在公共场合喊叫，但他可以去自己的房间，关上门，扯开嗓子喊叫多久都没关系。这样，孩子闹情绪时，就有了正常的排解途径和方法。也可以让孩子明白，只要在不妨碍他人且安全的情况下，可以充分发泄情绪。

在生活中，很多时候，父母一听到孩子的哭闹就会感到烦躁甚至抵触。为了让孩子停止哭闹，许多父母竭尽全力去平息孩子的哭闹。有的对孩子责骂，强迫孩子停止哭泣，有的则是尽量满足孩子的要求。其实，接纳孩子的情绪指的是：父母让孩子明白，我知道你有情绪，而且无论你的情绪是好是坏，我都能理解，也都尊重你有情绪存在。但这并不是说，你可以随心所欲，想怎么做就怎么做。即使你有脾气，该遵守的规矩你还得遵守。让孩子明白情绪和规矩的区别，这样孩子就能明白，即使哭闹也不能得到自己想要的东西。

总之，面对孩子的情绪，父母越镇定，孩子也就越容易平静。如果父母对孩子的情绪感到无能为力、烦躁，孩子的情绪也会出现波动和反复。父母的情绪对稳定孩子的情绪起到了很大的作用。

识别他人的表情和动作，培养同理心

乔安娜因为妈妈不让她把秋千高高地荡着玩而显得有点儿沮丧。她皱着眉头、无精打采地爬上滑梯，慢慢地滑了下来。5岁的狄克看到乔安娜的样子，非常担心，他告诉自己的妈妈朱丽亚："乔安娜看起来有点儿不高兴。"朱丽亚回答道："嗯，你怎么觉得她不高兴了呢？"狄克说："她的脸上没有一丝笑容，皱着眉，远离大家，独自一人在玩呢。"朱丽亚说："那我们怎么办呢？"狄克说："我去和她一起玩，让她振作起来。"狄克走到乔安娜身边，关切地问："乔安娜，别不开心了，我口袋里有一颗糖，给你吃。我们一起玩单杠吧。"

狄克从乔安娜"脸上没有一丝笑容""皱着眉"这些表情和动作上，感觉到乔安娜不开心。在妈妈的启发下，为了安慰乔安娜，他拿出自己的糖果和她分享。在这里，狄克能够对乔安娜表现出同理心是因为他有能力从他人的表情之中判断情绪。能否正确识别他人的情绪和感受是培养孩子同理心的基础。父母可以从孩子幼年起，在日常生活中引导孩子观察别人的表情和身体语言来体察别人的情绪状态。幼儿还不能区分自己和他人情绪的分别，父母通过以下方法培养孩子认知表情的能力：

- 给孩子看画有表情的照片或图册，把图片上不同人物的脸部表情（哭、笑、皱眉、生气、伤心、痛苦等）一一指给孩子看。通过观看图片，孩子可以熟悉不同表情。
- 教孩子辨别这些表情，让孩子找出这些表情代表的情绪。比如，"笑脸"表示愉快、幸福、高兴。"哭"表示伤心、痛苦等感受。
- 和孩子一起画脸部表情，并让孩子用正确的语言说出所画表情的名称。比如，愤怒、害羞、嫉妒。

■ 让孩子照照镜子，看看自己高兴时，眼角向上还是向下，害怕时嘴唇的形状是什么样，也可以让孩子模仿别人的表情。

■ 在识别表情的基础上，再让孩子观察别人的身体语言。仔细倾听别人说话时的语调、声音、动作和手势。

■ 让孩子使用想象力，说出可能引起每种表情的原因。比如，可能小男孩的妈妈去上班了，小男孩很伤心。宠物生病了，他很担心。收到新礼物，他显得很高兴等。

在孩子能够辨认这些基本表情之后，父母就可以让孩子试着用正确的语言表述自己的情绪。比如，孩子告诉妈妈今天爱丽丝在同学面前取笑自己。妈妈就可以让孩子说明当时自己的心情“我觉得很尴尬”，而不是简单的“我很生气”。听到爷爷给表妹买了一个新玩具，孩子可以说出感受是“我也想要，很羡慕”，而不是简单的“我不高兴”“我生气”等。

03 懂礼貌的孩子人见人爱

《今日美国》曾有过这样的报道：通常公司在招聘员工时，最重视的不是个人的工作经验或优秀的推荐信，而是得体的礼仪。礼貌是拉近自己和他人的一座桥梁，彬彬有礼的行为举止，是孩子在与人交往中成功与否的关键。

来自英国的伊丽莎白是我校心理学系的教授，有一个3岁半的儿子蒂姆。一次，她身体不适，我和先生一起去看望她。看到我们，蒂姆非常兴奋，拿出自己喜欢的木制玩具小火车给我们看。就在我们和伊丽莎白一起喝茶、聊天的过程中，蒂姆一遍又一遍地在玩他的小火车，拆了搭，搭了拆，不停地架设着小火车轨道。突然，蒂姆走过来，把手放在妈妈右手的手心里，静静地看着正在说话的妈妈。伊丽莎白用左手盖住蒂姆的手，轻轻地握了一下。伊丽莎白说完她的话之后，才转向蒂姆，问道："亲爱的，你要妈妈帮忙吗？"蒂姆说："这个桥架我放不上去，请你帮帮我。"伊丽莎白告诉蒂姆："好，妈妈马上帮你。"她很快帮蒂姆搭好了火车轨道。

看到3岁半的蒂姆能够控制自己，安静地等待妈妈说完话之后，再向妈妈提出自己的要求，我非常惊奇。我问伊丽莎白："通常这个年龄段的孩子会以自我为中心，不能意识到别人的感受，自己想要做的事情马上就要做到，因此常常不顾场合打断成年人的谈话，你是怎么做到让蒂姆等你说完之后再提要求的？”伊丽莎白详细地向我介绍了她的方法：“是呀，以前每当我与别人聊天、打电话，或者家里来了客人时，蒂姆会不停地过来打断我和客人的交谈，有时让我帮他做事，有时是问东问西，弄得我根本没有办法集中注意力继续谈话。对他这种没有礼貌的表现，我常常觉得很头疼。一方面，我不能忽视孩子的礼貌教育；另一方面，我也不想简单地阻止孩子说话、提问，这样会失去和孩子沟通的机会。因此，我和蒂姆约定一个‘秘密手语’。如果我在专心做事或和人说话时，他有事需要我帮助，可以把手放在我手中表示‘我有事找妈妈’。而我说完话，或完成我手中做的事后，马上会帮他。蒂姆也认为我们的‘秘密手语’很有趣，也非常愿意使用。我和蒂姆练习了几次之后，他很快掌握了这个方法。现在，他更愿意在人前用我们的‘秘密手语’和我交流。”

彬彬有礼的行为举止，是人际交往能否成功的一个关键。《今日美国》曾有过这样的报道：通常公司在招聘员工时，最重视的不是个人的工作经验、优秀的推荐信、沟通技巧、团队合作精神，而是得体的礼仪。

作为成年人，我们必须以适当的方式和礼仪行事。那些没有礼貌的人，常常会招人厌烦。即便是孩子，如果没有礼貌也会让人敬而远之。因此，如果希望自己的孩子气质不凡、人见人爱，那么父母从小就必须培养孩子良好的礼貌习惯。

以身作则的礼仪教育

要培养一个有礼貌的孩子，其最佳方式是父母在生活中处处以身作则。在孩子生长的家庭和生活环境中，父母应该持续一贯地使用礼貌文明用语。

著有《妈妈们关注的礼仪——孩子生活技能的必备书》一书的美国礼仪导师玛拉丽·麦基曾说："很多人认为，教孩子礼仪是从教孩子说'请'和'谢谢'开始的。可事实上父母在孩子呱呱坠地的时刻起，就开始在教孩子礼仪了。"当躺在婴儿床中的婴儿听到父母抱起他们时所用的语调，听到父母在电话中与人交谈时使用的语句，听到父母招待客人时所说的话语，孩子学会父母讲话时所用的声调、词汇、语句，包括父母讲话时充满愉悦的感情。如果父母在日常生活中经常使用"请"和"谢谢"，他们的孩子会比父母不常用礼貌用语的孩子使用"请"和"谢谢"的概率高25%。当然，尽管孩子在婴儿时期还不懂什么是正确的礼仪，但通过父母每日潜移默化的教育，孩子会渐渐理解父母对他的期待，进而在他身上表现出来。2岁的孩子可能还不懂打人是一种不好的行为，但通过父母反复教育"不能打人"，孩子慢慢能体会父母的教诲。如果孩子开始打人时，父母没有制止，一旦形成了习惯，再要改正就很困难。

请父母们想一想，在要求孩子做事时，我们身教的作用远远大于言传的作用。我们是说"关门"还是说"请关门"，这些日常生活中的言行对孩子能否成为懂礼貌的人有着重要的作用。

日常生活中的礼仪教育

◎餐桌礼仪

从婴儿一出生，父母给宝宝喂食，宝宝注视父母的一举一动，听父母讲话那一刻起，父母就在教导孩子用餐时所应有的正确礼仪。

在教给孩子餐桌礼仪时，父母首先要记住的是不能对幼儿的要求过高。通常来说，2岁以下的幼儿在餐桌边坐上20分钟已非易事。因此父母在教孩子礼仪时应根据孩子的发展特点来展开。从教育幼儿用餐最基本的礼仪开始，以轻松愉快的方式，给孩子打下餐桌礼仪的基础。随着孩子年龄的增长，让孩子逐步掌握正确的就餐礼仪。

当孩子开始坐到餐桌前用餐时，父母就可以向孩子演示如何正确使用各种餐具，比如，怎样拿调羹和筷子，饭桌上如何传递食物，餐巾怎么放等。用餐完毕要经过父母的同意之后才可以从餐桌边走开。

父母更要向孩子强调，吃东西时不要发出声音；咀嚼食物时，嘴巴要闭拢，不要边嚼食物边说话；尽量尝试不同的食物，不要因为是自己不喜欢的食物而大哭大叫："我不喜欢吃。"如果父母经常提醒孩子，给孩子做榜样，那么随着孩子的成长，他们慢慢会掌握正确的餐桌礼仪。

◎礼貌用语

即使是2岁的孩子也可以学着说 "请"和"谢谢" 。在家庭日常生活中，家庭成员之间在各种场合要使用不同的礼貌用语。请人帮助自己做事时，用"请"来表达自己的请求，以"谢谢"向人表达自己的谢意。这个年龄段的孩子可能还不知道礼貌用语具有感谢和欣赏的真正含义，但孩子可以从父母的行动中体会这些词一定很重要。因为父母不仅经常使用这些词汇，而且在说这些词汇时，常常面带微笑，语调愉快。幼儿首先观察父母在什么情形下，如何说"请""谢谢"等礼貌用语，通过模仿父母在使用这些词语时的声调、动作等学会说"请"和"谢谢"，慢慢地，孩子便能掌握在何种场合下使用这些礼貌用语。

父母通过和孩子的互动，在孩子心灵中有效播下了使用礼貌用语的种子。随着孩子理解力的提升，他们了解到礼貌待人可以给听者带来良好的感受，也向帮助自己的人表示自己感恩之情。

每个孩子最先掌握的礼貌用语将会是：“请”“对不起”“我可以做或玩……”“谢谢”“没关系，不用谢”。父母在和6个月的婴儿对话时，就可以开始使用这些词汇。比如，宝宝试着从父母的手中抢夺他的玩具小车，妈妈抓紧玩具车教给宝宝说：要先说“请”。对幼儿，妈妈可以教给孩子这么请求：“我可以玩我的玩具车吗？”

◎说话技巧

当孩子年幼时，他们生活在自己的小世界中，没有学会与人对话的技巧，这很正常。但当孩子接近上学年龄时，他们则需要学习如何礼貌地与人说话。父母可以向孩子强调正确问候朋友和亲戚的重要性。让孩子在家人和朋友之间练习如何与人说话，如何提出善解人意的问题，如何打开话题，如何回答提问，如何询问对方的生活近况等礼貌会话的基本方面。也要让孩子明白与人沟通需要人与人之间的互动。我们不能毫无顾忌地畅所欲言，因为有些话语会伤听者的心。比如梅莉阿姨长得比较胖，尽管这是事实，梅莉阿姨自己也知道，但如果我们明确告诉她长得太胖了，梅莉阿姨可能会觉得很尴尬。

父母还要鼓励孩子和人说话时，看着对方的眼睛，要有眼神交流。这些说话技巧对孩子的成长有许多帮助。

◎电话礼仪

父母首先要告诉孩子安全接听电话的重要性，并明确告诉孩子什么可以和来电者说，什么不可以说。比如，不能把个人的信息（名字、家庭地址）告诉来电者。父母还可以向孩子说明，如果来电者坚决要求孩子告诉他们，那么就回答“请在其他时间打电话来”，或者说“再见”，接着便可以挂断电话；如果来电者说话粗鲁，或者使用淫秽语言，那么就可以直接挂断电话，并马上把这个情况告诉父母或身边的成年人。

教育孩子有礼貌地接电话，接通电话时先问好：“你好！”如果电话不是找孩子的，就让孩子问一下：“请问您找谁？”

如果孩子打电话找朋友，让孩子先做自我介绍：“我是××，我可以和××讲话吗？”

礼貌接打电话将永远是一个人的优良品质。

◎和同伴玩耍的礼仪

父母从小要教育孩子与其他孩子一起玩时要懂得礼貌。比如，不能给玩伴起绰号，不能抢夺其他孩子手中的玩具或者食物。碰到其他孩子不许自己参加他们的游戏时，就算心中很不高兴，也不能把其他孩子的玩具、物品扔掉。孩子应该学习如何以积极的方式与他们的玩伴互动。在教给孩子如何和同伴玩耍时，角色扮演是一个非常有效的方法。比如，妈妈给孩子一件玩具，妈妈问孩子：“是不是可以让妈妈玩一下？”如果孩子不愿意，那么妈妈就可以教给孩子这样回答：“我现在在玩，等我玩好了给你玩。”自由玩耍有助于孩子成为有主见的人。

让孩子成为懂礼仪、有修养的人

好礼仪的养成基于对人的尊重，而尊重又来自于对情感的敏感性。孩子对这种情感认知则需要父母从婴儿期开始培养。孩子大约在18个月时开始明白他人和自己一样是有感情的，父母可以从这时候开始教育孩子：自己的行为会影响他人，我们必须用礼貌的语言和举止对待别人。通常来说，敏感的孩子具有同情心，常常比较容易体察别人的情感，因此更愿意成为一个彬彬有礼、尊重他人的人。

美国礼仪大师艾米莉·普斯特曾经说过：“礼仪是对别人感受的一种敏感意识。如果一个人拥有了这种意识，那么不管他用什么样的餐具，他都会有良好的举止。”

◎把礼仪教育贯穿于日常生活之中

父母可以和孩子讨论一周之中要学习的礼仪和礼貌用语，把需要学习的礼貌词汇，比如“请”“对不起”“请原谅”“很高兴见到你”“请让我向你介绍……”“您先请”“请慢走”等，在纸上明确记下来，打印出来贴在家中醒目的地方提醒大家。父母和孩子在这一周中举行“礼貌用语谁用得最多”的竞赛。这么做可以鼓励孩子在这一周中不断使用这些礼貌用语和词汇，达到熟记并能够自然运用。当然，一周中只选择1～2个礼貌词汇，太多的话，孩子可能记不住，这样就不能达到良好的效果。

父母还可以使用情景对话训练孩子使用礼貌用语，培养孩子得体的举止。

朋友若娜每月一次和孩子们在家中举行只有家人参加的“家庭派对”。为了准备这个“家庭派对”，若娜和孩子们一起准备菜单，写请柬，在餐桌上铺上漂亮的台布，放上整洁的餐巾，点上温馨浪漫的蜡烛。就餐之前，全家人都穿上漂亮的衣服就餐。就餐时，孩子们练习参加正式宴会所需要的礼节（把餐巾铺在大腿上，吃饭时用哪种餐具，如何使用刀叉，闭着嘴咀嚼食物等）和礼貌用语（“请你把沙拉递给我。”“请绕道。”“我吃完了，可以离开餐桌了吗？”）。孩子们在实战练习中，逐步掌握了正确的餐桌礼仪。当若娜和孩子外出经过饭店时，若娜就会让孩子通过饭店的窗户观察在饭店中吃饭的客人的举止，让孩子们谈谈他们喜欢的情景，以及为什么喜欢。

在家中练习几次之后，若娜挑选了一个孩子比较熟悉的饭店，在午饭高峰时间过后，带孩子一起去饭店操练。因为这样孩子可以在一个比较宽松的环境下练习各种礼仪。

◎及时表扬孩子的礼貌行为

在生活中，父母对于孩子偶然的礼貌行为，应给予尽可能多的鼓励和表扬。但父母对于孩子的表扬要具体。许多父母在表扬孩子时，常说："干得好""真不错"，这样的表扬非常笼统，父母没有明确指出为什么要表扬他，孩子也就不明白自己什么做对了。父母要给予孩子积极的反馈意见，告诉孩子他们真正做对的地方，这样孩子才明白今后碰到同样的情况应该采用相同的方法。父母可以采用下面这样的方法来指出孩子做得好的地方。

- 我注意到你面带微笑地看着利萨克夫人，非常得体地和她打招呼。我还看到我们离开她家时，你再一次为她给你的饼干道谢。你的行动让她觉得你很高兴看到她，也感激她对你的盛情款待。我可以说，你的客气话使她高兴。我真为你感到骄傲！
- 你在回答悌娜的问题时，看着她的眼睛了，并微笑地回答了她。
- 刚才，你让爸爸和你一起玩棋盘游戏时，你说了"请"，真不错。
- 你的朋友来家玩，你和他们一起分享了你的乐高，很棒，我为你骄傲。
- 尽管等待的人很多，但你没有插队，耐心排了10分钟的队，妈妈很高兴。

安排时间和孩子一起看电视、电影。父母可以和孩子就电视、电影中人物的言行举止进行讨论。让孩子指出自己喜欢的人物什么地方做得很得体。比如：

- 电影中的小男孩进电梯前先等人从电梯中出来。
- 女主人公早上高峰时间坐地铁时把整个身体倚靠在一根手扶杆上，你觉得对不对？为什么？怎么做才对？
- 一位伯伯刚从大楼出来，看到走过来的小女孩，就为她抓着门等她，但那个小女孩还是慢吞吞地走着，这样好吗？为什么呢？她是不是应该小跑过去，这样那位伯伯就不用等很久了？

◎有礼貌地纠正孩子不礼貌的行为

在生活中，对于孩子粗鲁无礼的行为，父母要有礼貌地及时指出并让孩子改正。如果面对孩子的错误，父母暴跳如雷地大声斥责，那么孩子可能会学着使用相同的方法应对生活中的错误。父母的这种做法完全违背了让孩子学习礼貌的初衷。

数学系的秘书温迪有个7岁的男孩霍根。有一次放学后，霍根来到妈妈的办公室找妈妈。看到霍根，我轻轻地向他打招呼："嗨，霍根，来找妈妈呢？"霍根看了看我，什么也没有说。温迪看到霍根不愿回答，就走到他跟前把手放到他肩膀上，看着他的眼睛，轻声提醒："霍根，当有人和你打招呼时，你应该怎么做才显得有礼貌？"霍根不好意思地点了点头，羞怯地对我说："是的，我来找妈妈。"

对于霍根不礼貌的行为，温迪没有失控责骂孩子，更没有强迫孩子改正错误，而是用礼貌的举止提醒孩子。温迪的行为让霍根明白妈妈对自己很尊重，她希望自己学会如何改正错误，成为有良好行为举止之人。

◎避免强迫孩子使用礼貌用语

语言是一种用来享受的技能，而不应被强迫使用。虽然父母偶尔在答应孩子要求之前让孩子说“请”没问题，但如果孩子每次提一个要求，父母都要强迫孩子说一个“请”字，那么孩子可能会变得厌烦。父母提醒孩子说“请”时，要让孩子明白这是因为父母希望孩子有得体的举止才让他说“请”。因此父母让孩子说“请”时，应避免跟孩子说：“如果你不说‘请’，就不能得到你想要的东西。”这样做孩子会觉得因为自己没有说“请”，父母在惩罚或者威胁自己。这有可能会引起孩子的反感而拒绝和父母合作。父母可以预先和孩子约定，把一些礼貌词汇作为“打开秘密宝藏洞门的咒语”。当孩子忘记使用礼貌用语时，父母只要提醒孩子“请使用打开秘密宝藏洞门的咒语”，孩子就明白自己应该怎么做了。

父母都希望自己的孩子是会说“请”和“谢谢” 的礼貌孩子，因为我们都坚信孩子的行为折射出父母的教养。但父母也要记住，学会礼仪对于有些孩子比较容易，而对于另一些孩子来说却不易。对于比较害羞的孩子，如果父母要求他们对不太熟悉的成年人说“谢谢”可能就比较困难。但性格开朗、喜欢和人接触的孩子则很容易地向任何人使用礼貌用语。因此，父母在要求孩子使用礼貌用语时，应考虑到孩子性格，针对不同的孩子提出不同的要求。

礼仪网络的创始人罗宾·汤普森曾说过：“礼貌的行为，是一种生活方式。”如果父母希望孩子有礼貌，首先要让孩子了解什么是礼貌的行为，在不停地练习中，孩子最终会掌握礼仪。礼仪，毕竟是人们在社会生活中所必需的技能，拥有优雅礼仪的人充满了爱心，并拥有体贴他人的良好品质。

温馨提示

孩子学习礼仪是一个渐进的过程，不是一朝一夕间就能学会，因此这是一种终身教育。如果父母从小培养孩子讲礼貌的好习惯，并在生活中对孩子进行不断熏陶和强化，那么孩子将会终身受益。

04 有偿还是无偿？用家务培养孩子的责任心

现在我们都知道，让孩子做家务可以培养孩子的做事能力和责任感。但是让孩子帮忙做家务，也可能是家庭中最容易发生争论的事情。许多家庭都出现过这样的场面，父母大吼大叫："你为什么不打扫你的房间？"而正在沙发上看电视的孩子喊回来："我待会儿打扫！"

朋友列娜是一位兽医，开了一家宠物医院。列娜有两个可爱的孩子：5岁的乔和3岁的马克。一天，我们去列娜家赴宴。在厨房中忙碌的列娜告诉我们晚饭做好了，准备吃饭。只见乔和马克马上来到厨房，每人拿出一套塑料餐具，放到餐桌自己的位置上。晚饭之后，乔和马克把自己用餐的盘子、调羹搬到了水池边。后来在列娜家的冰箱上，我看到了那两个男孩每天负责的家务清单。

看到那份家务清单，我问列娜："这么小的孩子就开始培养他们做家务了？"列娜回答："是呀，让孩子做家务有很多好处。不仅减少了我的家务量，而且培养了他们的自理能力，更可以培养他们的责任心。"

美国哈佛大学的一项研究表明，有家庭责任感的孩子更容易帮助别人。此项包含456名波士顿地区儿童、长达20年的跟踪调查发现，爱做家务的孩子与不爱做家务的孩子相比，爱做家务的孩子成年后的平均收入高出20%。因此，做家务不仅仅是简单地让孩子帮忙分担一点儿劳动，更是为他今后的幸福生活而打下良好的基础。

如果父母从小不教孩子基本的生活技能，如烹饪、洗涤、清洁等良好的生存习惯，那么他们会不断地依赖父母，凡事都要父母帮忙。著有屡获殊荣的育儿书《家庭纽带：建立亲密家庭的技巧》的教育学博士苏珊·库兹马斯基曾指出：孩子从日常生活的平凡琐事（个人、家庭、学业和社会）中学到自立和责任感。因此，父母应该从孩子幼年开始让他们承担家庭中的责任。

使用家务清单

在我的加拿大朋友家中，大多数孩子都有家务清单。从孩子2～3岁开始，父母就开始有意识地让孩子做一些力所能及的家务来培养他们的责任心。因为父母都认为，要让孩子有责任感，就得先让他们承担责任，而让孩子做家务就是最好的训练。我们先看看加拿大孩子是如何帮助父母做家务的。

◎1～2岁孩子能做的家务

父母可以给宝宝一些简单易行的指令。比如阅读时，让宝宝把自己要读的书找出来，和父母一起把玩过的玩具放回玩具箱，把自己的脏尿布扔到垃圾箱里等。

◎2～3岁孩子能做的家务

这个阶段的孩子都渴望在父母的周围帮助父母做家务。虽然大多时候父母并不欣赏孩子的这种帮助，但还是应该鼓励孩子的帮助热情，比如让孩子和父母一起收拾玩具，打扫房间。父母应考虑把所有的家务变成一个有趣的游戏。邀请孩子帮助父母在低矮的家具上掸灰尘，而父母自己可以清扫家具中的高处。当然这个阶段的孩子在做家务的时候，还会需要父母的许多帮助。

- 帮助铺床。
- 把玩具和童书从地上捡起来。
- 饭前把餐巾放到桌上。
- 帮助准备宠物饲料。
- 帮助擦干净餐桌。
- 帮妈妈拿扫帚。
- 帮妈妈把衣服挂在衣架上。
- 浇花（父母要给孩子适量的水，免得孩子把水洒到地上）。

◎3～4岁孩子能做的家务

这个年龄段的孩子还是富有热情地愿意帮助父母做家务。为了鼓励孩子，父母可以制作一些可爱的家务清单。在孩子们完成家务以后，用孩子们喜欢的贴纸来奖励他们。这个时候的经历可以为孩子习得将来的生活技能奠定基础。但父母还是要理解和鼓励孩子们的热情，以养成他们做家务的好习惯。除了上述列出的家务事以外，孩子还可以：

- 擦桌子。
- 喂宠物。
- 睡前帮妈妈铺床，如拿枕头、被子等。
- 把自己的脏衣服放到装脏衣服的篮子里。
- 帮父母把从超市买回的菜拎进屋。
- 从信箱里取回信件。

◎4～5岁孩子能做的家务

学龄前儿童往往觉得帮助爸爸、妈妈做事是一件令人兴奋的事，很有成就感。趁孩子高兴的时候最容易教他们做一些家务以养成良好的习惯。这个年龄段孩子非常喜欢奖励，父母可以做一张家务清单，孩子每做好一件家务，就贴上孩子喜欢的贴纸，以示鼓励。家务清单应写得很明确，这样孩子也很容易看清自己的责任和任务。除了上述列出的家务事以外，孩子还可以：

- 擦桌子、椅子。
- 独自铺床。
- 吃完饭以后，把脏碗拿到水池边。
- 妈妈做饭时在旁边帮忙。
- 帮妈妈把叠好的清洁衣服放回衣柜。
- 浇花。
- 倒垃圾。

◎6～8岁孩子能做的家务

入学年龄的孩子已经没有前一阶段孩子做家务的积极性，但他们有一种强烈要“独立”的欲望。父母可以因地制宜地引导孩子独立做家务，并用比较复杂的图表列出他们要负责的家务。除了上述列出的家务以外，孩子还可以：

- 照顾宠物。
- 拖地板或者用吸尘器清理地毯。
- 叠衣服并把衣服放进衣柜。
- 秋天时帮父母扫院子里的落叶。

- 整理房间（把乱放的东西捡起来并放回原处）。
- 自己准备第二天要穿的衣服。
- 把洗干净的餐具放回橱柜。
- 清洗浴室的洗水池。

◎9～10岁孩子能做的家务

这个年龄段的孩子可以独立承担很多家务。但父母必须记住，这个年龄段的孩子不喜欢经常改变他们熟悉的家务，因此要给孩子安排适合的家务。一旦制订好家务清单以后，在没有得到当事人的同意之前，不要随意更改。建立良好的奖惩制度，让孩子们明白完成家务所能得到的奖励。相反，如果完不成的话，就会受到相应的惩罚。并一定要以此为根据，贯彻执行。除了上述列出的家务以外，孩子还可以：

- 使用洗衣机和烘干机。
- 清理自己的房间。
- 夏天割草，冬天扫雪。
- 清洗浴室。
- 帮助准备简单的饭菜。
- 洗碗。
- 洗车。

当然在谈到家务的时候，我们不能一刀切。因为每个孩子的成长速度不同，有的孩子成熟得比较早，可能在6～8岁时就已经可以做饭，或者割草了。所以父母要根据自己孩子的实际情况列出相应的清单。

孩子做家务要不要付费

关于孩子做家务父母要不要付费这一问题，北美的家庭教育专家、家庭理财专家对此见仁见智，颇有争议。有支持者，也有反对者。在北美的家庭中，大家采用的方法也各式各样，有的家庭付费，有的家庭对孩子做特定的家务付费，有的家庭完全不付费。每个家庭的实际情况都不一样，所以无论父母采用哪种方式，只要是符合自己家庭情况的，都是正确的做法。

在是不是让孩子有偿做家务这件事上，父母可以采用一个折中的方法。

从孩子幼年开始，父母就应积极鼓励他们和父母一样为自己的家庭做一些力所能及的事，培养孩子的家庭责任感和荣誉感。让孩子明确无偿做家务就是他们对于家庭的贡献，这是孩子做家务的内在驱动力。但同时，父母也可以每周为孩子提供一些额外的有偿家务，孩子可以在父母的帮助和指导下，靠自己的劳动挣得这些额外报酬。这么一来，父母既可以培养孩子家庭责任感和自主性等，也让孩子体验“金钱必须通过劳动所得”。再者，父母对孩子参与做家务的奖励也可以不是金钱上的奖励。比如适当的口头表扬，允许孩子周末玩游戏，和自己喜欢的朋友一起去看电影，坐车时挑选自己喜欢的座位等非物质性的奖励形式。

对于孩子做家务是否付费的问题，父母可以采用以下方法：

可以先找机会对孩子说：“好孩子不能眼里只有钱，家是你和爸妈共同拥有的，爱护它、美化它是我们一家人共同的义务和责任，这种责任是不能用金钱来衡量的。所以每天你首先要完成自己选择的2～3件家务事。在完成规定的家务之后，妈妈同意为你做的那些额外的家务付钱。”

让孩子愉快做家务的方法

我们都知道让孩子做家务可以培养孩子的做事能力和责任感，但是让孩子帮忙做家务，也可能是家庭中最容易发生争论的事情。许多家庭都出现过这样的场面，父母大吼大叫：“你为什么不打扫你的房间？”而正在沙发上看电视的孩子喊回来：“我待会儿打扫！”

其实从心里来说，孩子不喜欢做家务的原因和成年人一样，家务一般都很乏味。玩玩具、看电视、玩电子游戏能够给孩子带来的满意程度远远高于孩子做家务时得到的成就感。如果让孩子在做家务和玩之间选择，孩子毋庸置疑会选择玩。虽然这并不意味着孩子不想做家务，但这也在一定程度上解释了孩子不愿意做家务的原因。

如果父母总是要不断催促孩子才能完成家务，那么不妨试试北美父母常用的方法，来帮助孩子愉快地完成家务。

◎给孩子安排适合年龄的家务

请父母记住，在给孩子分配家务时一定要考虑适合他们的年龄。如果家务太难，孩子很可能会望而却步。在孩子幼年时，父母应让他们做一些简单的家务事，慢慢地训练他们。随着孩子年龄的增长，再给他们增加家务的难度和责任。

◎给孩子选择做何种家务的权利

在决定让孩子做家务时，父母首先要给孩子选择做何种家务的权利，这样有助于孩子更好、更愉快地完成自己选择的家务。尽管有时他们的选择会令父母大吃一惊。比如不怕噪声、喜欢操纵机器的孩子可以用吸尘器清扫地毯；喜欢水的孩子可以清洗卫生间，帮父母洗车，给家庭中的植物浇水；喜欢做菜的孩子可以帮助父母一起准备晚餐。如果没有哪项家务活能吸引孩子，父母可以根据他的才能和性格来分配任务。比如，如果孩子有旺盛的精力并且不怕高，可以让他帮助修剪树顶部的树枝。如果孩子喜欢外出散步，可以给他一份购物清单，帮助父母购物。如果父母允许孩子选择自己做的家务，效果将比父母分配孩子家务更好。

◎花时间教孩子如何做家务

大多数工作都需要培训。父母让孩子做家务时最常见的错误就是误以为孩子知道父母的要求。

当父母给孩子布置任务时，首先要让孩子知道你的标准是什么，不要笼统地给孩子一个要求，而是要明确、详细说明自己的标准。比如简单的一件事：让孩子把衣服挂起来。父母要让孩子知道这些衣服应该挂在哪个柜子里，挂在什么样的衣架上。要向孩子说明：如大衣、西服应该挂在布制衣架上，这样大衣、西服、衬衣肩部不因重力而变形；牛仔衣等比较重的衣服可以用木制衣架，而不是塑料衣架，因为塑料衣架承受重衣物时可能变形或折断；衬衣可以挂在塑料衣架上。父母还要给孩子演示如何从衣柜中取出衣架，如何把衣服平整地挂到衣架上等。这样才能确保孩子完成的家务达到父母的标准。

◎预期提醒孩子做家务的时间

预期提醒孩子做家务的时间是让孩子按时完成家务的好方法。父母可以说："好吧，请在20分钟后把洗碗机中干净的碗放回橱柜中。"如果孩子如期完成了，就表扬孩子，谢谢他。如果孩子不能在20分钟内完成，那么父母可以事先告诉孩子要采取的惩罚措施。比如，减少看电视的时间，比平时规定的时间早上床20分钟等。这么做让孩子明白，如果不按时完成家务，就会有惩罚。这种方法的好处就是：父母只要计时，不用不断地唠叨，催促孩子做家务。第二天在让孩子做家务时，只要提醒孩子一下就可以了："记得不要超过规定的时间，我知道你不喜欢早上床睡觉。"

◎制定做家务的每日日程

在帮助孩子完成家务时，制订做家务的每日日程非常重要。比如，在平时，可以让孩子每天上午花10分钟铺床，快速整理自己的房间。孩子放学回家之后，帮父母做家务。节假日，可以让孩子先做完家务再玩。比如，孩子一回家，先从书包中拿出自己的饭盒洗干净等。这样做，让孩子明白在玩之前，必须先完成他的任务，有利于培养孩子的责任感。再者，也避免了在孩子玩得高兴时，要让孩子停下兴奋的游戏，转而做枯燥乏味的家务。

还有一个方法是：把一天中某个固定的时间作为全家人一起做家务的时间，比如吃饭前20分钟。妈妈可以准备晚餐，爸爸整理房间，孩子可以倒垃圾，把碗筷放在桌子上。孩子们最好的动力是得到与成年人一起做家务的机会。当家人一起做家务，孩子更愿意合作，这样家庭中所有的成员都能承担责任，让孩子觉得自己也是家庭中的重要一员，他们和父母一起为打造一个舒适的共同居住的家而努力。

◎别把做家务当作惩罚孩子的手段

家务应该是生活的一部分，不是用来惩罚孩子的。让孩子做家务的意义在于减轻父母的家务负担和培养孩子的家庭责任感，而不是折磨他们。如果把家务变成一种惩罚工具，只会让孩子更恨做家务。所以，父母切记不要将家务当作惩罚孩子的手段。

把做家务变成游戏

没有人喜欢做家务，尤其是孩子。如果父母让孩子做家务时，总是听到孩子抱怨说他们不想打扫自己的房间，或者说不知道如何整理自己的床铺，对于父母来说也是一件很痛苦的事。那么父母怎样轻松地培养孩子做家务的好习惯呢？其实我们做任何一件事情，如果能够给我们提供愉快经历，那么我们通常不会讨厌去做。因此，如果想办法把家务转变成游戏，常常能收到较好的效果，孩子在游戏中就完成了家务。

◎图示的家务表格

父母可以根据孩子的年龄，按照一周每天孩子的任务列成一个表格，就像数学中的坐标一样，横坐标表示一周中的一天，纵坐标显示需要孩子做的家务。这样，一个简单的每周家务表就做成了。

如果是还不会阅读的孩子，父母可以在表格中用孩子喜欢的卡通人物图示，如：用彩笔写上孩子的名字，用扫帚表示扫地，用香蕉皮表示垃圾等。这样，就是不会阅读的孩子也会一目了然地明确自己所要完成的任务，而且色彩明快的卡通图片会让孩子觉得更有趣，也更愿意按照图示的表格做事。父母可以把做好的家务表格打印出来，贴在家中醒目的、孩子能够看到的地方，比如冰箱上，孩子的活动室、卧室房间的墙上。孩子每完成一个任务，可以用贴纸做标记，这种方法对于幼儿尤其有效。

◎家庭大扫除——迪斯科舞会

音乐有奇妙的作用，如果听到美妙的音乐，会不会让人觉得是在开家庭音乐会？让孩子穿上跳迪斯科舞的衣服：牛仔裤、牛仔衣等，放上孩子喜欢的音乐。给孩子一把扫帚，让他们随着响亮的音乐，边跳舞边扫地，给地板吸尘。把做家务变成每日一次家庭“舞会”时间。父母可能会发现，这慢慢地会变成孩子喜欢的一项活动，孩子每天会期待这个有趣时刻的到来。

◎小惊喜

把一分钱的硬币、贴纸等孩子喜欢的小玩意儿藏在座椅下、柜子边，然后把破旧袜子套在孩子的小手上，让孩子帮父母掸灰尘。孩子在完成掸灰尘这件家务时，也找到了父母给他们的奖励：贴纸、硬币等。但父母应该注意的是，这种方法可以偶尔使用，不能常用。因为如果每次孩子做家务，父母都给予奖励的话，长久下去，孩子会养成只有在有奖励的情况下才愿意做家务的习惯。

◎与时间赛跑

大家有没有这样的经历：如果知道我们只需花15分钟就能完成某项任务，那么这项任务就好像没有我们想象的那么可怕。让孩子做家务，父母也可以利用这种心理，也就是在孩子做家务时，给他设置一定的时间。这样可以让孩子知道，他们花在做家务上的时间并不长。通常一个小时在孩子的心目中非常漫长。父母先给孩子讲清楚要孩子在15分钟之内完成的家务具体是什么，然后定时。孩子想到只要花15分钟时间做家务，就不会觉得是一件苦差了。在这15分钟之内，父母可以和孩子一起做家务。父母可能还会意外地发现，给孩子规定了做家务的时间之后，孩子做事的效率大大提高，在15分钟之内可以完成许多任务。其实这样的体会我们成年人也有，也就是如果我们给自己设定了目标，那么我们做事更有动力，也更有效率。

◎艺术窗、艺术墙

要清洁家中浴室的玻璃门真是一件很麻烦的家务，大家都会嫌烦，那么让喜欢画画的孩子承担这个任务吧。给孩子准备一把油漆刷、一桶温热的肥皂水，坐在浴室中，让孩子任凭自己的想象在玻璃门上用肥皂水随意涂画，洗净玻璃门上的污垢，并创造自己的艺术作品。等孩子完成任务之后，父母可打开水管，把玻璃门上的肥皂水冲掉就可以了。这种以"湿涂料戏水"的做家务方法，一定会得到孩子的喜爱。

◎寻宝游戏

这是整理房间的一个好方法。比如，客厅茶几上堆着旧报纸，沙发上有孩子的绘本，电视柜上有孩子看完的碟片，父母可以给孩子几个小篮子（纸盒）分类编号。让孩子在客厅或全家找寻这些散落的东西，并把它们放回该放的地方。比如，绘本放回孩子的书柜，报纸放在放杂物的柜子等。这个游戏还能培养孩子的秩序感和归纳能力。在做这个游戏之前，父母一定要给孩子解释清楚，要他们寻找的是什么"宝贝"，找到之后怎么办，用多长的时间寻宝，按时完成后有没有奖励。

◎"投篮"游戏

给孩子几个小竹篮或小纸箱，把篮子放在离孩子1米开外的地方，让孩子在家中各个房间，把扔在地上、床上、沙发上等地方的脏衣服分类投进篮子里。父母还可以和孩子进行比赛，看看谁投进的更多。通过"投篮"游戏，孩子轻松地把脏衣服整理了出来。这个游戏除了提高孩子做家务的兴趣之外，还有助于提高手眼技能。

◎I Spy 游戏

每天晚餐后，全家一起做“I Spy……”的游戏，父母和孩子一起收拾碗筷，把饭桌、厨房整理干净。轮到做“I Spy……”的人，环顾餐桌和厨房四周找到一个物品，比如在餐桌上的蓝色饭碗或者吃剩的饭菜，用语言描述这个饭碗的特征，但不说出确切的名字，让大家猜一猜是什么东西，说出名称。如果被猜中了，那么做“I Spy……”的人就得把脏碗放进洗碗机，或者把剩菜放回冰箱。随着游戏的深入，大家会发现散落在饭桌上、厨房中的脏碗、剩菜都会慢慢消失，回归原位。父母还可以使用同样的方法，让孩子把洗净的衣服分类。每晚做这种游戏，是不是可以把家务变得很有趣?

◎家庭卫生巡视员

每周轮流任命家中一员为“家庭卫生巡视员”。每天设定一个时间，比如晚餐前15分钟，手中提着一个袋子或小篮子在家中各处检查一遍，并把散落在各处而没有放回原处的东西放进袋子或小篮子中。被放进篮子中物品的主人，如果要想把物品从篮子中拿出来的话，就得做一件家务，即使父母也不例外。

在生活中，父母都希望自己的孩子成为生活中的强者，从而培养孩子的自理能力和责任心。因此要在生活中给予孩子充分的锻炼机会，让孩子从一点一滴的小事做起，不断积累，逐步地强化。学习做家务和成年人在职场中的一些事件有许多相似之处，完成这些家务帮孩子懂得在生活中有些事情不管你是不是喜欢都得做。

05 培养孩子的领导力，赢得未来

每个孩子都拥有影响他人的潜能，但这些潜能需要父母的激发和培养。在孩子的成长中，鼓励他们参与志愿活动，是培养孩子领导力的有效方法之一，因为领导力必须经过孩子的体验才能获得。

感恩节前的一个下午，我正在厨房中忙着准备晚餐，突然听到“叮咚，叮咚”的门铃声。我打开大门一看，只见邻居迈克家5岁的多莉和3岁的劳拉每人手里举着一个纸盒站在门外。迈克远远地站在我家车道的尽头，向我招手问好。看到我，多莉马上说：“我们在卖女童军饼干，我们赚的钱会用来为贫困家庭的孩子买感恩节的火鸡。请您买一盒吧！”劳拉也学着姐姐的样子，赶紧说：“请您买一盒吧。”面对两双充满热切期盼的眼睛，我笑着说：“好，我买两盒。”

在北美，像多莉和劳拉这样从小利用周末、节假日参加义卖、募捐等活动的孩子比比皆是。在孩子年幼时，他们常常在父母的带领下，为当地的食物银行、博物馆、图书馆、体育运动组织等做义工。随着孩子的成长，他们可以独立参与政府机构、养老院、非营利机构的志愿者活动。更有许多孩子利用暑假漂洋过海去非洲等第三世界做志愿者。

在北美父母看来，孩子从小关心社会中的弱势团体、做志愿者，不仅给孩子提供认识社会、丰富生活体验、学习处理社会上各种复杂人际关系的绝好机会，而且能让孩子在实际生活中观察、模仿和实践领导技能。也就是说，在孩子的成长中，鼓励他们参与志愿活动，是培养孩子领导力的有效方法之一。因为领导力必须经过孩子的体验才能获得。

现代社会需要拥有理想和勇气的领导者。成为领导是一种习惯，有些人似乎从未想到自己可以成为带头人，也许是因为他们在成长过程中，从未在周围的朋友、伙伴中遇到具有领导才能的人才。北美一流大学在招收学生时都要求学生具有领导素质。国内有些学生尽管在高考中取得高分，但没有被北美一流大学录取，而那些经常参加各种课外活动、具有领导力的学生，尽管不是高考状元，却同时被许多国外名校录取，原因就在于此。

其实，每个孩子都拥有影响他人的潜能，但这些潜能需要父母的激发和培养。

孩子的领导力

通常来说，孩子的领导力就是指孩子拥有让队友心甘情愿地跟随他、帮助他在生活中实现既定目标或人生目标的潜在素质和诀窍。换句话说，领导力本质上强调的是对他人的影响力。因此，具有领导素质的孩子总是有明确的目标以及达到自己目标所需的方法。

当然，领导力除了有领导他人的能力之外，还包括支持和帮助他人取得成功的特质。从以上观点来看，优秀的领导者往往具有以下一些品质：

- 能赢得他人信任。
- 强烈的责任感，比其他人更愿意付出时间和心力。

- 具有独立的思想和行动。
- 喜欢掌管其他孩子和活动。
- 能够和不同性格的人保持良好的关系。
- 设定现实的目标，并坚持完成。
- 解决问题的能力。
- 具有良好的沟通技巧，能够激励、影响他人。
- 对他人的顾虑和需求很敏感。
- 有决策能力。
- 可以带来积极和富有成效的变化。

领导力是天生的，还是后天训练所得

领导力的来源，常常是北美学者争论不休的话题。有的专家认为人的领导力是天生的，也有的认为领导力是经过后天训练所得。

美国《领袖季刊》于2012年1月在网上发布了一项研究成果，该成果称，领导者的基因可能是通过遗传所得。这项成果的发布者是伦敦大学、哈佛大学、纽约大学和加州大学四所大学科研人员所组成的一个国际研究小组。

30多年来致力于领导力的研究与教学的权威学者蒂姆·埃尔莫尔博士则认为，每个孩子都能够成为领导者，而领导力则应该从小开始发掘和培养。

事实上，领导者有两种类型：“习惯型领导者”和“情景型领导者”。“习惯型领导者”指的是极少数天生具有成功领导者所必备特质的人，能够勇于承担责任，在团队中充当核心人物，担当领导者角色。“情景型领导者”则是指绝大多数自认为没有领导潜力或领导者自觉的人，只是在某种特定（符合他们激情和能够让他们施展才能）的情况下所展现出的领导能力。

因此，孩子领导力的养成不光有天生的因素，和后天的教育也有着非常重要的关系。美国心理学家苏珊·墨菲和斯丹芬尼·约翰逊在其近期发表的《早期领导力的萌芽》一文中指出：父母可以在孩子2岁起培养孩子的领导技能。按年龄，父母可以从以下几个方面培养孩子的领导力。

年龄	培养领导力的方法
学龄前（2～5岁）	**早期情商开发的目的** □让孩子学习控制欲望。 □让孩子学会等待。 **沟通技巧的开发** □学习情感和非语言交流。比如，认知他人面部表情，使用话语影响别人，喜欢和别人进行情感沟通。
(6～10岁)	□团队合作：协调努力，与他人合作。 □演讲能力：能够把自己的思想清晰地传递给他人的能力。（良好的语言表达能力是最基本的社交技巧） □礼仪和社会道德准则：学习在合适的地方采取适当行动。正确的礼仪在成长中能给予孩子很大的帮助。 □早期领导力的培养：志愿为班级同学服务，或者自愿做老师的帮手，是小组活动的领导者。

培养领导力的活动和场合

◎体育运动和课外游戏

对于幼儿和学龄孩子来说，北美父母常常通过让孩子参加体育运动和游戏，有意识地培养孩子的领导技能。我们有时会发现，有些孩子愿意做教练的小助手，他们比一般的队员提早到训练场，帮教练做各种训练的准备活动，训练结束之后也会主动帮教练收拾、整理训练场；在比赛中，有些孩子只注重自己在比赛中的成绩。而有些孩子似乎有与生俱来的领导力，他们常常会自觉给予表现好的同伴各种鼓励。比如，跑过去拍拍刚踢进球的同伴的肩膀，给表现好的同伴鼓掌等；这样的孩子也能勇于承认自己在比赛中所犯的错误，并努力改进。

此外，北美父母更是常在生活中向孩子指出哪些是优秀领导人所具有的行为，鼓励孩子模仿这种行为并养成这些良好的习惯和品质。

◎学校、童子军、夏令营等教育机构

在北美，有许多学校和夏令营有着重培养孩子领导力的项目和课程。我曾在我们大学负责主管面向学龄孩子（5~16岁）的夏令营。每年我们夏令营中最受欢迎的项目是为中小学生举办的“领袖培训夏令营”。夏令营通过系列活动培养孩子“时间管理”“团队合作”“沟通与交流”“谈判和交涉”“组织能力”等领导技巧。

在北美拥有众多成员的童子军尤其对培养孩子领导力方面有着独特的作用。童子军面向5岁以上的孩子开设，通过鼓励成员参加一些活动赢取晋升的机会。每个孩子常常需要通过努力完成一项活动。在这过程中，孩子得到各种锻炼，培养了责任感、领导力、毅力等优秀品质。

◎做社区活动的领头羊

在北美，父母从小就让孩子明白，每个人不是孤立存在的一个个体。在学校，他们是学校中的一员，必须遵守社会规则，和同学友好相处。在社区，他们也应和成年人一样担当起社会责任，积极参加建设自己社区的活动。作为社区一分子，北美父母鼓励孩子利用批判性思维，找出社区中

存在的不合理问题，并提出一些合适的解决方法的建议。通过让孩子亲身参与社区活动，培养孩子的领导力，并鼓励孩子以领导者的身份向自己的朋友发出建议，开展社区宣传等活动。

露西10岁的儿子约瑟夫喜欢滑板运动，而小镇的滑板运动场由于常年没有得到修葺，路面变得高低不平，给孩子进行滑板运动带来安全隐患。约瑟夫在妈妈的鼓励下，向市长写信，还让儿子的朋友们一起签名，要求市长解决滑板运动场的安全问题。

领导力中要注重的几大重要能力

◎组织策划能力

指挥和激励别人的领导者常常具有良好的组织能力。为了有效地完成一项项目，领导者需要明确地设定这个项目全面和长远的发展规划，并对这个项目的总体目标实施行动计划。因此，要让孩子成为领导者就需要培养他们规划和组织的技能。

大卫将要在下月月底迎来自己的6岁生日，大卫的父母汤姆斯和艾米丽告诉他：“你已经长大了，如果想要举办生日派对，就应该自己准备。当然，如果有需要爸爸妈妈帮助的地方告诉我们，我们一定会全力帮忙。”在接下来的那段日子里，大卫在妈妈的帮助下，精心策划起自己的生日派对来。

■ 派对的主题：大卫是恐龙的粉丝。他决定用恐龙来做主题，让小朋友每人都带一个自己喜爱的恐龙玩具。

■ 邀请哪些朋友：在北美，邀请的孩子人数常常和孩子的年龄相同。但有好人缘的大卫有许多好朋友，在得到父母的同意后，大卫拟定了要请的8位小朋友的名单。

■ 自制邀请卡和感谢卡：由于这次生日派对的主题是恐龙，因此大卫在邀请卡和感谢卡上都画了各种不同的恐龙。

■ 要怎样的生日蛋糕：以大卫最喜欢的长颈龙做造型。

■ 在生日派对上和小伙伴们玩的游戏：游戏A（10分钟）：让小朋友们闭上眼睛，用手摸摸带来的毛绒恐龙玩具，然后说出是什么类型的恐龙。游戏B（15分钟）：抢夺恐龙蛋。把孩子分成2组。一组是三角龙，一组是霸王龙。每只三角龙“下了”6个蛋，他们要尽量把那些蛋藏起来。而霸王龙却要想尽办法找到这些恐龙蛋当食物。游戏结束时，拥有最多恐龙蛋的孩子赢得比赛，并得到一个可以涂画的恐龙蛋为奖品。

■ 准备哪些食物：比萨、坚果、巧克力、橘子汁、苹果汁、酸奶。

就这样，大卫在父母的帮助下，独立完成了生日派对的准备工作。在生日派对那天，他俨然是个热情好客的小主人，照顾好每个来参加生日派对的小朋友，最后圆满结束了自己的生日派对。大卫父母通过让大卫策划和设计自己的生日聚会，培养孩子的组织能力和策划能力。在北美，随着孩子年龄的增长，父母让孩子承担起越来越多任务以培养领导力，如让孩子策划全家的暑假度假周，包括选择度假地点、预算、订机票、火车票、饭店等。

此外，父母可以从日常生活方面着手培养孩子的组织能力。让孩子养成随身携带一个记事本的习惯，把每天需要做的事情或者家庭作业列出来。

家庭作业

- □ 美术课的作业是画一张素描画。
- □ 数学做第30页1～10题。
- □ 让父母在同意我参加学校羽毛球赛的承诺书上签字。
- □ 老师明天让我们把圆规带到学校。
- □ 朋友埃里希要借《男孩的冒险书》。

每做完一件事，孩子就将完成任务的项目从列表中划掉，这不仅让孩子获得一种完成任务之后的成就感，也培养了孩子的组织能力。

◎决策力

优秀的领导者必须有作出正确决定的能力。因此，在生活中，给孩子提供让他们作决策的机会非常重要。当然，父母给孩子的决策权应该和他们的年龄相仿。当孩子还小时，父母可以让他们选择自己喜欢的衣服、图书、电影。而随着孩子的成长，他们开始理解自己的决定所带来的后果，父母可以给予孩子做更大、更重要决定的机会。比如，让孩子决定每年的家庭度假周、如何使用他们的零用钱、结交什么样的朋友等。在生活中，父母可以向孩子展示自己是如何作出决定的，并和孩子讨论自己为什么会作出这样的决定，这个决定的后果是什么等。

◎解决问题的能力

帮助孩子获得良好的解决问题的能力是培养孩子领导力的一个重要方面。有多种方法可以用来帮助孩子获得这一能力。

6岁的卡拉放学后非常想请同伴梅根来家玩，她和梅根说了很多次，梅根也说愿意来玩，但梅根的妈妈非常忙，总是没有时间送梅根过来玩。

卡拉为此很失望也很生气，她向自己的妈妈抱怨。

妈妈：你很想请梅根来玩，但梅根的妈妈忙，没有时间送梅根过来，你很失望，是吗？

卡拉：对，梅根的妈妈很晚回家，所以她不能放学后送梅根来我家。

妈妈：我们想想除了让梅根妈妈送梅根来玩的方法之外，还有什么其他的办法呢？

卡拉：要不让她和我一起坐校车来，她妈妈下班后再来我家接她？

妈妈：好办法，我们可以问问老师，梅根是不是可以和你一起回家？但如果老师说不行的话，怎么办？

卡拉：那妈妈是不是可以到学校来接我们呢？

妈妈：可以呀，妈妈愿意去接你们。

卡拉：那我们和梅根的妈妈打电话说一下吧。

妈妈：好办法，我们去吧。

卡拉通过和妈妈的交谈，最后找到了解决的方法。在培养孩子解决问题的能力时，父母可以和孩子讨论以下几个问题。

- 确定问题是什么。
- 让孩子用什么方法解决。
- 仔细想想采用这种方法时，结果如何。
- 尝试使用想出的解决方案。

在和孩子讨论解决问题的方案时，父母可以向孩子挑战，让他们设想不同的场景，拿出解决冲突的方案，这样就更具挑战性。如果幼小的孩子自己不能想出任何办法，父母可以帮助他们，给他们一些提示，鼓励他们想出尽可能多的解决方案。然后，父母和孩子讨论每个方案的利弊。通过不断的练习，孩子便可学会解决遇到的问题的能力。

◎沟通能力

■ 让孩子学习如何听人说话。

要和别人进行有效的沟通，首先需要我们掌握倾听的技巧。倾听是有效沟通的第一步。沟通是在倾听别人之后所作的反应。因此，在生活中，父母要训练孩子如何倾听，这样他们才明白别人讲话的内容。父母可以和孩子做这样的练习：

首先给孩子讲一个话题（故事或时事新闻等）以及自己对这个话题的看法。然后让孩子复述父母讲的内容。每天练习15分钟。像这样的练习，每天在饭桌上或接送孩子时都可以进行。

无论孩子是天生就有领导特质，还是在生活中学会了很多领导技能，如果他们没有很强的沟通能力，无法把自己的意见和想法传递给别人，并得到别人的赞成和支持的话，那么他们也不可能成为一个优秀的领导者。

■ 让孩子每天大声朗读自己的课本或喜欢的书籍和文章。

让孩子朗读就是要让他们用清晰、洪亮的声音把文章读出来。孩子朗读时，父母可以帮助孩子注意自己朗读时的声调、语调、语速、发音、吐字等。让孩子明白朗读时如果能注意语调的升降变化、朗读速度的快慢、感情的起伏，就更能得到听者的注意和共鸣。

◎谈判和妥协的技巧

优秀的领导者必须学会与各类人士友好相处，顺利交往。这是因为在一个团队中往往有来自不同文化背景、拥有不同个性的成员。在生活中，领导者也时常会碰到持有不同观点和意见的成员的挑战和质疑。要与人和睦相处，父母从小要教育孩子尊重他人不同的观点，容忍他们在生活中的差异。更重要的是培养孩子与人谈判的技巧和方法。

谈判能力既是一个非常有价值的生活技能，也是一个重要的领导技巧。北美父母常常鼓励孩子和自己的同伴、朋友及其他成人谈判。谈判的成功可以增强孩子的自信、自尊，更能让孩子学会同情，并掌握建立良好人际关系的技能。

孩子学会有效谈判的好方法之一，是学会使用“给予”和“接受”这个谈判基本策略。让孩子在谈判过程中明确自己“给予”的是什么，而“接受”的又是什么。如果孩子不能从感官上判断，父母让孩子分别把可以“给予”和可以“接受”的项目整理出来，这样孩子就可以有目的地进行谈判。比如：

- 接受：表弟的闪光笔
- 给予：印有朵拉图案的手套
- 接受：佩吉的溜冰鞋
- 给予：获奖小说《魔法灰姑娘》

此外，在生活中，父母还可以和孩子讨论他们的需要和欲望，让孩子提出需要这些东西的理由，并提出一些有说服力的论据。教育孩子公平谈判可以有效减少自己与同伴和朋友的对立和分歧。如果在谈判中有分歧，双方可以协商，并达成一个让双方都满意的解决方案。

多莉丝6岁的表妹赫蒂和妈妈一起从多伦多来玩。赫蒂一看到多莉丝的芭比娃娃非常高兴，拿了就玩起来。看到赫蒂玩自己心爱的芭比娃娃，多莉丝心中很不痛快，跑过去一把将芭比娃娃抢了过来。多莉丝的妈妈走过去对多莉丝说：“赫蒂是客人，你这样把玩具从赫蒂手中抢过来很不礼貌，你可不可以找一些你愿意分享的玩具给赫蒂看，如果赫蒂喜欢的话，你就可以把你的芭比娃娃拿回来了。”多莉丝想了想妈妈的建议，觉得不错，就同意了。她在自己的玩具中找到了几个非常可爱的动物毛绒玩具，拿给赫蒂看。赫蒂一见到可爱的大熊猫玩具，马上放下了多莉丝的芭比娃娃。

多莉丝通过“给予”赫蒂毛绒玩具来“接受”心爱的芭比娃娃，学会了简单的谈判技巧。

这里最重要的一点是：父母要通过引导孩子，让孩子自己掌握谈判技巧，而不是父母包干，替代孩子和其他的孩子谈判。有时孩子即使不能如愿以偿，父母也应避免为孩子出头或帮助孩子。学会正确谈判和妥协是一个非常有价值的社交技巧，这将对于孩子的成长很有帮助。